Katzen naturnah ernähren

Katzen naturnah ernähren

Frischfütterung leicht gemacht

von Angela Münchberg

CADMOS

Gestaltung und Satz: Ravenstein + Partner, Verden
Titelfoto: Ulrike Schanz
Fotos: Anneke Bosse, Sabine Hans, Ulrike Schanz
Zeichnung: Maria Mähler
Lektorat: Anneke Bosse
Druck: Westermann Druck, Zwickau

Printed in Germany

ISBN 978-3-86127-129-1

Inhalt

Strotzt die Katze nur so vor Gesundheit, ist nicht nur sie selbst, sondern auch ihr Mensch glücklich – eine einfache Formel, bei der die Ernährung eine wichtige Rolle spielt. (Foto: Schanz)

Ein paar Worte vorweg

„Ist die Katze gesund, freut sich der Mensch." Wer von Ihnen, lieber Katzenfreund, wird an dieser Stelle nicht zustimmend nicken? Wohl keiner! Lassen Sie uns mal ein kleines Wortspiel daraus machen und sehen, ob Sie mir immer noch zustimmen: „Isst die Katze gesund, freut sich der Mensch." Nun werden Sie vielleicht denken: „Gut, solange sie mir ihre Beute nicht vor die Haustür oder Füße legt!"; oder auch: „Igitt!" Aber jetzt möchte ich Ihnen diesen Satz noch einmal verändert vorstellen, und ich bin mir sicher, dass keiner von Ihnen mir widersprechen wird: „Is(s)t die Katze gesund, freut sich die Katze!" Nun ist jeder von uns bemüht, genau dafür mit all unseren Mitteln zu sorgen.

Aus diesem Grund stehen wir ja im Zoofachhandel oder auch im Supermarkt vor den endlos langen Regalen mit Tiernahrungsmitteln. Allein

Jeder Katzenfutterhersteller verspricht beste Gesundheit der Tiere dank seines Futters – doch die Wirklichkeit sieht oft anders aus. (Foto: Schanz)

schon die vielen unterschiedlichen Geschmacksrichtungen lassen einem beinahe selbst das Wasser im Munde zusammenlaufen. Sie erstrecken sich von dem schon fast alltäglichen Hühnchen bis hin zu Delikatessen wie Entenbrust und Seelachsfilet. Doch damit nicht genug! Diese Leckerbissen umfassen nämlich schon längst nicht mehr nur die Einteilung für die unterschiedlichen Altersstufen wie zum Beispiel Kitten, Adult und Senior. Nein, es gibt auch noch Spezialitäten, die speziell positive Wirkungen auf die Zähne, auf Haut und Haare, auf das Gewicht oder auf die Verdauung von Haarknäueln haben sollen.

Bei dieser großen Auswahl entscheidet häufig nicht nur der Geschmack der Katze, sondern auch, wie ansprechend ein Futter präsentiert wird und nicht zuletzt auch unser Geldbeutel. So ist es im Leben – wer die Wahl hat, hat die Qual! Aber, und diese Frage sollten Sie sich erst einmal gründlich durch den Kopf gehen lassen, bevor Sie sie für sich beantworten: Braucht unsere Katze das alles überhaupt? Das wirklich Interessante ist doch Folgendes: Jedes einzelne dieser Futtermittel, egal von welchem Hersteller, wie ansprechend die Verpackung ist und auch völlig egal, wie teuer oder günstig das einzelne Tiernahrungsmittel ist, verspricht doch eine optimale, ideale Ernährung Ihrer Samtpfote! Wie kann es dann sein, dass es trotz dieser idealen Zusammensetzung noch spezielle Diätfutter wie beispielsweise für die Niere und Blase geben muss? Woher kommen die häufigen Probleme, gerade bei Katern, mit Nierengries und Steinen? Müsste unsere Katze denn bei diesen tollen Futtermitteln nicht vor Gesundheit nur so strotzen? Wie lange, glauben Sie, könnte eine Katze in freier Wildbahn mit solchen Problemen überleben? Und noch viel wichtiger: Wie häufig kommen diese Probleme wohl bei frei lebenden, auf sich selbst gestellten und nur von der Natur genährten Tiere wohl vor? Ich zumindest habe in keiner Dokumentation, in keinem Fachbuch, in keiner Studie zur Verhaltensforschung über „wilde Katzen“ auch nur ansatzweise etwas lesen können, was darauf hindeuten könnte, dass diese Tiere spezielle „Diät-Beutetiere“ zu sich nehmen. Und ich konnte auch nirgends etwas darüber finden, wie diese Tiere es wohl schaffen, ihre Beutetiere zu garen, so wie es jedem Fertigfutter widerfährt. Das bringt einen doch zum Grübeln, nicht wahr?

Pottengers Fütterungsversuche an Katzen

Dr. Francis Pottenger, ein kalifornischer Arzt, der von 1901 bis 1967 lebte, führte circa 20 Jahre lang Fütterungsversuche an Katzen durch. Diese Versuche erstreckten sich über bis zu acht Generationen, und bis 1949 wurden 900 Katzen untersucht.

Dabei wurden zwei Katzengruppen gebildet. Während die eine Gruppe ausschließlich mit naturnaher Kost (Fleisch und rohe Milch) gefüttert wurde, erhielt die zweite Gruppe ausschließlich gekochte Nahrung (gekochtes Fleisch und pasteurisierte, pulverisierte Milch und Kondensmilch).

Die Katzengruppe, die mit roher Kost ernährt wurde, blieb gesund, pflanzte sich fort, entwickelte sich normal, zeigte eine normale Skelettbildung und starb eines natürlichen Alterstodes. Bei den Tieren mit gekochter Kost konnte eine gestörte Fortpflanzung, Fehlgeburten und eine Veränderung des Wesens beobachtet werden. Bereits in der dritten Generation überstand kein einziges Tier mehr den sechsten Lebensmonat. Schon in der zweiten Generation kam es zu Schädelmissbildungen und deformierten Gebissen, die in der dritten Generation noch ausgeprägter beobachtet werden konnten. Bei Katzen dieser Gruppe, die dann wieder auf Rohnahrung umgestellt wurden, entwickelten sich diese Missbildungen erst in der vierten Generation wieder zurück.

Einen zusätzlich interessanten Aspekt ergab der Bodenbefund. Die beiden Katzengruppen wurden zwar in unterschiedlichen Gehegen, jedoch auf gleichem Brachboden gehalten. Dieser Boden blieb bei den mit gekochter Kost ernährten Tieren auch in diesem Zustand. Ganz anders bei denen mit Rohkost. Hier wuchs sehr bald üppiges Unkraut und aus extra gepflanzten Bohnen wurden hochkletternde Gewächse.

Glauben Sie nun immer noch der interessengebundenen Werbung für industriell hergestelltes Fertigfutter? Glauben Sie diesen Marketingstrategen immer noch, dass Ihr selbst zubereitetes Futter minderwertig ist? Natürlich benötigt man einiges Wissen über die Ernährungsbedürfnisse der Katze, über die Inhaltsstoffe verschiedener Futterbestandteile und über deren Auswirkungen auf die Katzengesundheit. Nur ein ausreichendes Verständnis für die richtige Zusammensetzung eines naturnahen Futters für unsere Katze mag die ernährungsbedingten „Zivilisationskrankheiten“ verhüten. Aber dafür habe ich dieses Buch geschrieben, und haben Sie es nicht genau deswegen erworben? Ich möchte Sie hiermit ausdrücklich ermutigen, die Ernährung und Zubereitung des Futters Ihrer Samtpfote (wieder) selbst in die Hand zu nehmen. Und dies auf einfache und schnelle Weise, um wieder die volle Gesundheit Ihres Tieres zu erreichen. Selbst wenn sich bei Ihrem Schützling bereits eine durch Fehlernährung ausgelöste „Zivilisationskrankheit“ eingeschlichen hat, können oft mit einer Futterumstellung gute Ergebnisse erzielt werden. Denn nur eine gesunde Katze fühlt sich wohl und erfreut den Betrachter ganz nach dem Motto: „Ist die Katze gesund, freut sich der Mensch.“ Genau das wünsche ich Ihnen und Ihrem Tier.

Eine Ernährung mit roher Kost bekommt Katzen deutlich besser – das brachten schon Untersuchungen in den 1940er-Jahren zutage. (Foto: Schanz)

Die Katze – ein Fleischfresser?

Unsere heutigen Haus- und Rassekatzen haben alle einen gemeinsamen Urahnen, die Falbkatze. Wenn sich auch das Erscheinungsbild der Katzen gegenüber ihrem Vorfahren nachhaltig veränderte, so sind doch bestimmte physiologische Eigenschaften (insbesondere der Verdauungstrakt) von der Domestizierung fast unberührt geblieben. Somit gehört die Katze wie ihr Vorfahr zu den Karnivoren, den Fleischfressern. Leider ist diese Bezeichnung etwas irreführend, denn der Karnivore frisst nicht ausschließlich Fleisch, sondern ganze Beutetiere. Bei der Falbkatze sind dies vor allem Nage- und Kriechtiere, aber auch mal Insekten, Fische, Vögel und Niederwild. Die Beute wird bis auf wenige schwer- oder unverdauliche Reste fast vollständig gefressen. Somit liefert die Beute nicht allein Eiweiße und Fett, sondern auch andere, im Fleisch nicht oder nur in geringen Mengen vorkommende Stoffe.

Dazu gehören:

- Kalzium aus dem Skelett,
- Natrium aus dem Blut,
- fettlösliche Vitamine und Spurenelemente aus den Organen (insbesondere Niere und Leber),
- wasserlösliche Vitamine aus dem Darm und seinem Inhalt,
- essenzielle Fettsäuren aus dem Körperfett,
- unverdauliches, zum Beispiel pflanzliches, faseriges Material, das für die Funktion des Verdauungskanals unentbehrlich ist, aus dem Darminhalt.

Somit bietet das Beutetier sämtliche für den Karnivoren lebensnotwendige Nährstoffe. Also lassen Sie sich durch die Übersetzung des Fachbegriffs Karnivore mit Fleischfresser nicht irreführen. Eine Futterration, die ausschließlich aus Fleisch besteht, ist für die Katze nicht vollwertig. Verankern Sie in Ihrem Gedächtnis lieber „Karnivore = Beutetierfresser", auch wenn dies nicht die wissenschaftlich korrekte Erläuterung ist. Und wenn Sie gerade beim Verankern von Dingen in Ihrem Gedächtnis sind, dann fügen Sie dies doch bitte gleich hinzu: Sie benötigen keine wissenschaftlichen Kenntnisse für eine optimale Zusammensetzung des Futters für Ihre Katze, obwohl es diese gibt. Die Natur selbst liefert uns die besten Konzepte gratis, und diese sind bereits seit Tausenden von Jahren erprobt und bewährt.

Interessant in diesem Zusammenhang dürfte vielleicht noch die Forschung von Prof. Dr. Werner Kollath (1892–1970) sein. Der Ernährungsforscher hat die Ernährung als das zentrale Thema zur Erhaltung unserer Gesundheit in den Mittelpunkt gestellt. Als Lebensmittel bezeichnete er diejenige Nahrung, die noch natürlich, lebendig, vollwertig und für die Gesundheit unentbehrlich ist. Als Nahrungsmittel bezeichnet er alles, was industriell bearbeitet, also erhitzt, konserviert oder extrahiert wird und im Organismus nur noch Teilaufgaben übernehmen kann. Auch wenn Prof. Kollath die Ernährung des Menschen untersuchte, so wies er fast alle seine wissenschaftlichen Versuche an Ratten nach. Dies ist damit zu begründen, dass bei allen Säugetieren alle chemischen Vorgänge gleich ablaufen.

Obwohl es diesem Ernährungswissenschaftler sicherlich nicht um die Ernährung von Tieren ging, sind seine Ergebnisse auch für unsere Katzen bedeutungsvoll. Prof. Kollath wies in seinen Forschungsergebnissen nach, dass es nach einer gewissen Zeitspanne zu ernährungsbedingten Zivilisationskrankheiten kommt, wenn die verzehrte Kost vorwiegend aus der Gruppe der Nahrungsmittel stammt. Beim Menschen können zwischen 20 und 40 Jahre vergehen, ehe sich die ernährungsbedingte Zivilisationskrankheit so weit entwickelt hat, bis sie nachgewiesen werden kann. Da unsere Katzen eine wesentlich kürzere Lebenserwartung als wir Menschen haben, kommt es bei ihnen scheinbar früher zu diesen Erkrankungen. Bei den meisten Tieren treten die durch jahrelange Fütterung mit Fertigfutter entwickelten Gesundheitsstörungen allerdings wie die ernährungsbedingten Krankheiten beim Menschen im mittleren und höheren Alter auf. Bedauerlicherweise werden diese Zivilisationskrankheiten unserer Samtpfote fast nie als solche

Katzen sind beileibe keine reinen Fleischfresser – mit ihren Beutetieren nehmen sie auch pflanzliche Nahrung auf. (Foto: Schanz)

erkannt und häufig auf das Alter geschoben. Doch entspricht dies nicht den Tatsachen! Zu diesen sogenannten Zivilisationskrankheiten gehören beispielsweise Allergien, Arthritis und Arthrosen, Nieren- und Leberschäden, Herzleiden, Blasenentzündungen, ein vermindertes Immunsystem und viele Erkrankungen des Verdauungsapparates. Doch auch Fettsucht, Zahn- und Zahnfleischerkrankungen, verfrühte Alterserscheinungen und Stoffwechselstörungen wie zum Beispiel Diabetes entstehen durch diese Fehlernährung. Sogar an der Entstehung von Krebs ist die falsche Ernährung in erheblichem Maß beteiligt. Bedauerlich, dass diese schwere Krankheit bei Mensch und Tier mittlerweile zu den Zivilisationskrankheiten zählt!

Jedes Lebewesen, egal ob Mensch oder Tier, ist als Ganzes zu betrachten. Und so arbeitet auch der Organismus als System, die einzelnen Organe arbeiten nicht isoliert voneinander, sondern bilden einen symbiotischen Kreislauf. Die Verwertung und der Abbau von synthetischen, in der Natur nicht vorkommenden Substanzen sind nicht vorgesehen und entsprechen nicht den Naturgesetzen. Von Natur aus ist der Organismus darauf angewiesen, eine natürlich vorkommende Nahrung aufzunehmen. Jede Zufügung künstlicher Verbindungen (zum Beispiel die synthetisch hergestellten und beigemengten Vitamine im Fertigfutter) erschweren insbesondere die Entgiftungsvorgänge des Organismus. Durch diese Be- und Überlastung der gesunden Lebensfunktionen werden die natürlichen Selbstheilungskräfte unserer Katze massiv eingeschränkt. Im Organismus entwickelt sich eine solche Unordnung, die wir bei wild lebenden Tieren nie finden würden.

In diesem Zusammenhang muss aber auch berücksichtigt werden, dass noch lange nicht alle lebensnotwendigen und die Gesundheit erhaltenden Vitalstoffe bekannt oder gar erforscht sind. Nach Prof. Kollath wurde deren Existenz jedoch bei Tierfütterungen nachgewiesen. Dazu wurden Ratten mit allen bis heute bekannten lebensnotwendigen Nahrungsmittelbestandteilen versorgt.

Längst nicht alle Vitalstoffe in der Nahrung sind bisher bekannt – auch Gemüse besteht aus mehr als der Summe seiner einzelnen, schon erforschten Bestandteile. (Foto: Hans)

Trotzdem traten nach einiger Zeit gesundheitliche Störungen auf. Diese verstärkten sich nach mehreren Generationen und führten letztendlich zum Eingehen dieser Tiere. Damit ist mehr als deutlich bewiesen, dass ein komplettes Beutetier mehr ist als nur die Summe der einzelnen ernährungsphysiologischen Bestandteile, die wir bisher kennen. Nun bleibt noch die Frage offen, warum trotz dieser Tatsachen viele Tierärzte (und auch leider noch viele Tierheilbehandler) nach wie vor Fertigfutter empfehlen. Zum einen liegt dies daran, dass Tierärzte während ihres Studiums mit dem Thema Ernährung nur wenig vertraut gemacht werden. Man könnte beinahe behaupten, dass dieser Bereich nur gestreift wird. Häufig stammt ihr Wissen zu dieser Thematik aus Lehrgängen, die von Futtermittelherstellern angeboten werden. Dass sich diese Lehrgänge bevorzugt auf die Studien und Prinzipien des entsprechenden Herstellers stützen, braucht wohl nicht extra erwähnt zu werden. Vielleicht sollte Sie aber noch interessieren, dass sich die Studien wiederum auf Tierversuche beziehen, die von den Herstellern entweder in Auftrag gegeben oder sogar selbst durchgeführt werden. Wer sich diese grausamen Informationen „antun“ möchte, wird im Internet bei der Organisation PETA (www.peta.de) fündig. Aber es sei gewarnt: Dies ist nichts für schwache Nerven oder nervöse Mägen.

Doch nun noch einmal zurück zu unseren Tierärzten. Aus den zuvor genannten Gründen ist es für unsere Veterinärmediziner natürlich einfacher, ein Fertigfutter zu empfehlen, als sich selbst die Zeit zu nehmen und intensiv mit diesem Basiswissen vertraut zu machen. Ähnlich wie in der Humanmedizin liegt der Tätigkeitsschwerpunkt bei der Behandlung von Krankheiten, nicht bei der Vorbeugung. Letztere wird allenfalls in den Bereichen Impfung und Wurmkur betrieben. Und nicht zuletzt verkaufen viele Tierärzte auch Fertigfutter. Womit aber niemandem unterstellt werden soll, dass er so versucht, doppelt zu verdienen – nämlich einmal an dem Futter und zweitens an den hervorgerufenen Erkrankungen. Denn es soll auch nicht verschwiegen werden, dass es zum Glück immer mehr Tierärzte gibt, die sich die Zeit nehmen und Mühe machen, um sich ein fundiertes Wissen über die Ernährung anzueignen. Diese Tierärzte empfehlen dann auch unumwunden eine ausgewogene Rohkost. Praktiziert wird diese naturnahe Ernährung aber schon seit einiger Zeit in fast allen Zoos – bei den Wildkatzen. Dort hat man erkannt, dass Wildkatzen nicht mit einem Fertigfutter ernährt werden können, ohne krank zu werden oder gar zu sterben. Bei unseren Hauskatzen hat trotz der Domestizierung keine Änderung des Organismus oder Stoffwechsels stattgefunden, sodass dieser Vergleich legitim ist.

Der Weg der Nahrung durch den Körper der Katze

Die im Futter enthaltenen Nährstoffe liegen beinahe ausschließlich in einer vom Organismus nicht direkt verwertbaren Form vor. Um die großen Eiweiß-, Fett- und Kohlenhydratmoleküle in eine Form zu bringen, die der Organismus aufnehmen und für sich nutzen kann, müssen sie in ihre Grundbausteine zerlegt werden. Diese Aufbereitung der Nährstoffe wird als Verdauung bezeichnet. Nachfolgend werden der Aufbau der Verdauungsorgane und die inneren Vorgänge, die sich während des Verdauungsprozesses ereignen, genauer beschrieben. Jeder Katzenhalter sollte diese anatomischen und physiologischen Gegebenheiten zumindest in ihren Grundsätzen kennen. So können Sie die artspezifischen Besonderheiten bei der Fütterung beachten und umsetzen.

Besonders deutlich werden diese Besonderheiten, wenn man die relative Länge des

Darmrohres einzelner Spezies im Verhältnis zu ihrer Körperlänge betrachtet. Die Katze benötigt lediglich eine Darmlänge, die circa dem Zwei- bis Dreifachen ihrer Körperlänge entspricht, um die eiweißreiche Nahrung leicht und rasch zu verdauen. Im Gegensatz dazu ist der Darm eines Pflanzenfressers, zum Beispiel eines Pferdes, etwa zehnmal so lang wie sein Körper, beim Rind entspricht die Länge des Darms der 35fachen Körperlänge, beim Schaf der bis zu 40fachen Körperlänge, um die rohfaserreiche und schwer verdauliche Kost gänzlich aufschließen zu können. In der Mitte steht das Schwein als „Allesfresser" mit einem Darm, der etwa 15-mal so lang ist wie es selbst.

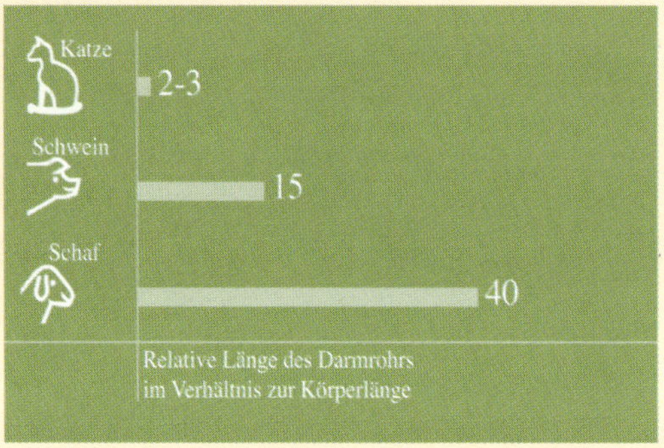

Die relative Länge des Darmrohres zur Körperlänge unterscheidet sich zwischen Tieren verschiedener Spezies stark.

Diese Tatsache hat bei der Katze einerseits zur Folge, dass die Verweildauer der Nahrung im Organismus relativ kurz ist und eine hohe Verdaulichkeit des Futters erfordert. Andererseits können bei entsprechend günstigen Gelegenheiten aufgrund des einfach gebauten und besonders elastischen Magens gewaltige Nahrungsmengen aufgenommen werden.

Zu dem Organsystem, in dem die Nahrung aufgenommen, in ihre Bestandteile zerlegt und die Abfallstoffe wieder ausgeschieden werden, gehören folgende Abschnitte:

Mundhöhle

Hier findet die erste Zerkleinerung der Nahrung durch die Zähne statt und eine Verflüssigung durch den Speichel. Bei den Zähnen unterscheidet man Schneide-, Eck- oder Hakenzähne, Praemolaren (Lückenzähne) und Molaren (bleibende Backenzähne). Die Molaren treten somit nur beim bleibenden Gebiss auf. Praemolaren, Eck- und Schneidezähne unterliegen dem Zahnwechsel, der mit circa dreieinhalb Monaten beginnt und mit sieben Monaten beendet ist. Fast alle Katzenarten (Wild- und Hauskatzen) haben die gleiche Zahnformel, die sich wie folgt darstellt:

Oberkiefer je Seite:
- 3 Schneidezähne
- 1 Eckzahn
- 2 (bis 3) Praemolaren
- 1 Molar

Unterkiefer je Seite:
- 3 Schneidezähne
- 1 Eckzahn
- 2 Praemolaren
- 1 Molar

Somit beträgt die Gesamtzahl der Zähne also stets 28 (30) beziehungsweise im Milchgebiss 24 (26). Die Eckzähne werden manchmal auch als

Fangzähne bezeichnet, da die Katze sie zum Fassen und Töten der Beutetiere braucht. An dieser Stelle sollte unbedingt erwähnt werden, dass die Bezeichnung als Reißzähne grundlegend falsch ist! Tatsächlich wird nämlich der letzte obere (zweite beziehungsweise dritte) Praemolar so genannt, da er der massivste der Backenzähne ist.

Durch verschiedene Drüsen in der Mundhöhle wird nicht nur der Speichel zur Verflüssigung abgegeben, sondern es findet auch bereits eine erste Kohlenhydratverdauung durch Enzyme statt.

Zuständig für die Zersetzung der Kohlenhydrate in Polysaccharide ist das sogenannte Ptyalin. Zu den wichtigen Anhangdrüsen in der Maulhöhle gehören die Speicheldrüse, die große Ohrspeichel- und die Unterkieferdrüse. Dazu kommen noch kleinere Speicheldrüsen, deren Bedeutung nicht unmittelbar mit der Verdauung zusammenhängt. Dies wäre im Bereich der Unterlippe die Zirkumoraldrüse, auch Putzdrüse genannt, sowie die Backendrüsen. Ihnen wird eine lokale Bedeutung zur Feuchthaltung der Schleimhaut beigemessen. An der Zunge selbst befinden sich rachenwärts gerichtete, verhornte Papillen. Diese weisen die Form feiner Hornzähnchen auf und dienen der Aufnahme von Flüssigkeit, dem Abraspeln von Fleischresten an Knochen, aber auch der Pflege des Haarkleides.

Die mechanische Zerkleinerung und Einspeichelung des Futters erfolgt reflektorisch, das heißt automatisch und unwillkürlich, also ohne bewusstes Zutun des Willens. Die dadurch gleitfähig gemachte Nahrung passiert auf ihrem weiteren Weg die Mandeln (Tonsillen). Wir finden sie einmal in der Schleimhaut des Zungengrundes und in ihrer größten Erscheinungsform im Bereich des Übergangs von der Maulhöhle in die Rachenhöhle. Die Tonsillen sind Abwehrzentren gegen eingedrungene Krankheitskeime, die auch in Futterbissen enthalten sein können.

Es hat offensichtlich geschmeckt … (Foto: Schanz)

Von der Maulhöhle aus geht es nun weiter in den Rachen. Der Rachen, auch Schlundkopf genannt, stellt einerseits eine Verbindung zwischen der Maulhöhle und der Speiseröhre dar, und andererseits gibt es hier eine Verbindung zur Nasenhöhle

- Speiseröhre
- Magen
- Leber
- Galle
- Bauchspeicheldrüse
- Dünndarm
- Dickdarm

Der Verdauungsapparat der Katze. (Zeichnung: Mähler)

und zum Kehlkopf. In der Rachenhöhle kreuzen Luftröhre (Larynx) und Speiseröhre (Pharynx). Damit die Nahrung auch auf den richtigen Weg gebracht wird, übernimmt der Kehlkopfdeckel (Epiglottis) eine Art „Schutzfunktion". Er legt sich über die Öffnung der Luftröhre, wenn ein Bissen Nahrung in die Speiseröhre geleitet werden soll. Gelangt Nahrung oder Flüssigkeit bei einem nicht fest verschlossenen Kehlkopfdeckel in die Luftröhre, kommt es zu dem sogenannten Verschlucken, das vielleicht jeder von Ihnen schon einmal erlebt haben wird, aber auch bei unseren Katzen zum Beispiel bei der Eingabe von Medikamenten beobachtet werden kann.

In der Mundhöhle wird die Nahrung nicht nur zerkleinert, sondern hier beginnt bereits auch die Verdauung. (Foto: Schanz)

Speiseröhre

Die Speiseröhre (Oesophagus) verläuft neben der Luftröhre (Trachea) im Brustraum zum Zwerchfell und durch dieses hindurch in den dahinterliegenden Magen. Die Speiseröhre besteht aus Schleimhaut, einer lockeren Gleit- und Verbindungsschicht sowie einer Muskelhaut und Bindegewebsschicht. Die Muskelschicht befördert durch wellenartige Bewegungen (Peristaltik) die eingespeichelte Nahrung weiter.

Das Abschlucken größerer Futterbrocken und auch Knochen wird jedoch im Allgemeinen von der Speiseröhre problemlos bewältigt. Problematisch können das Steckenbleiben beziehungsweise Einstechen von Fremdkörpern sein, zum Beispiel beim Spielen verschluckte Gegenstände oder Knochensplitter. In diesen Fällen ist ein sofortiger Eingriff des Tierarztes notwendig.

Magen

Der Magen, auch Gaster, Ventrikel oder Venter genannt, befindet sich direkt hinter dem Zwerchfell, zwischen Speiseröhre und Darm. Zunächst wird die Nahrung mithilfe der Magenmuskulatur über den Magenmund (Kardia) aufgenommen. Nach Eintritt der Nahrung schließt sich der Magenmund wieder, um das Aufsteigen von Magensäure in die Speiseröhre zu verhindern. Nach zeitweiliger Speicherung und Ansäuerung wird die Nahrung portionsweise über den Magenausgang, den sogenannten Pförtner (Pylorus), an den Dünndarm weitergegeben.

Nur wenn alle Verdauungsorgane richtig arbeiten, bekommt die Katze die Nährstoffe, die sie für ein aktives Leben braucht. (Foto: Schanz)

Das Innere des Magens ist mit der Magenschleimhaut ausgekleidet. Zu finden sind in diesem Bereich die sogenannten Belegzellen, die für die Produktion von Salzsäure (HCl) zuständig sind. Aber auch der sogenannte Intrinsic Faktor wird von den Belegzellen gebildet. Dieser wird benötigt, um das Vitamin B 12 im Dünndarm aufzunehmen.

Damit es in diesem sauren Milieu nicht zu einer Selbstverdauung des Magens kommt, schützt er sich selbst durch eine Schleimschicht, die von den Nebenzellen gebildet wird.

Die Hauptzellen sind für die Bildung des Pepsinogen zuständig, das zusammen mit der Salzsäure das Verdauungsenzym Pepsin bildet. Pepsin spaltet Eiweiße in Polypeptide. Dies bedeutet, dass die aufgenommenen Eiweiße nicht gänzlich gespalten werden, sondern lediglich gröbere Bruchstücke entstehen.

Die Säure des Magens hat neben den bereits genannten Funktionen auch noch die Aufgabe der Desinfektion, um die mit dem Futter aufgenommenen Bakterien und Viren weitgehend abzutöten.

Dünndarm

Der Dünndarm (Intestinum tenue) dient ausschließlich der chemischen Verdauung und Absorption (Aufnahme) der Nährstoffe und hat somit eine große Bedeutung im Bereich des Verdauungssystems. Anatomisch wird der Dünndarm in drei Bereiche aufgeteilt: Der erste ist der Zwölffingerdarm (Duodenum), der seine Bezeichnung dadurch erworben hat, dass bei einem Menschen dieser Abschnitt eine Länge von circa zwölf Fingerbreiten hat. Er geht über in den Leerdarm (Jejunum), der das Mittelstück darstellt und an einem langen Gekröse hängt. Hierbei handelt es sich um den größten und für gewöhnlich leeren Teil des Dünndarms, der ohne scharfe Begrenzung in den Krummdarm (Illeum) übergeht.

Der saure Futterbrei gelangt über den Pförtner des Magens als Erstes in den Zwölffingerdarm. Die Spaltung des Futterbreis in verdauliche Nährstoffe bis hin zur absorbierbaren Form wird durch verschiedene Verdauungssäfte erreicht, die wieder für ein alkalisches Milieu sorgen. Die dazu notwendigen Enzyme werden von der Bauchspeicheldrüse (Pankreas) und der Leber (Hepar) gebildet. Das wichtigste Verdauungssekret aus der Leber ist der Gallensaft, der in der Gallenblase gespeichert und von dort bei Bedarf in den Zwölffingerdarm abgegeben wird.

Die Bauchspeicheldrüse stellt zahlreiche Enzyme her, die für die endgültige Spaltung der Eiweiße, Kohlenhydrate und Fette notwendig sind. Zu den wichtigsten eiweißspaltenden Enzymen gehören das Trypsin und Chymotrypsin. Beide werden als inaktive Vorstufe (ähnlich dem Pepsinogen des Magens) abgesondert, wodurch eine Selbstverdauung des Pankreas verhindert wird. Erst im Zwölffingerdarm werden diese inaktiven Vorstufen durch das im Darmsaft enthaltene Enzym Enterokinase in die aktiven Enzyme Trypsin und Chymotrypsin überführt. Die nun aktiven Enzyme spalten die Eiweißbindungen in Aminosäuren (kleinste Eiweißmoleküle) auf. Nachdem sie über die Darmwand in das Blut aufgenommen und schließlich zur Leber gebracht wurden, werden die Aminosäuren dort wieder zusammengebaut, um zum Beispiel als Energielieferant und Transportmittel zu dienen.

Die Kohlenhydratverdauung wird durch das Enzym (Alpha-)Amylase unterstützt. Dadurch entstehen aus Kohlenhydratverbindungen Glucose, Fructose und Maltose.

Das wichtigste von der Bauchspeicheldrüse produzierte Enzym zur Fettverdauung ist die Lipase. Auch hierbei handelt es sich um eine inaktive Vorstufe, die durch den Gallensaft erst aktiv wird. Die Lipase spaltet von den Neutralfetten (Triglyzeride) die Fettsäuren ab.

Der Gallensaft, der von der Leber gebildet und in der Gallenblase zwischengelagert wird, aktiviert somit die Enzyme der Bauchspeicheldrüse. Sie wirkt in der Hauptsache auf die Verdauung der Fette ein. Ohne den Zufluss ausreichender Gallensaftmenge ist also eine Fettabsorption nicht möglich. Sie steigert aber auch die Lipaseaktivität und unterstützt die Wirkung des Trypsins. Die Galle selbst hat eine grüngelbliche Farbe und eine dickflüssige, fadenziehende Konsistenz.

Die Dünndarmverdauung beruht hauptsächlich auf der Wirksamkeit der körpereigenen Enzyme. Eiweiße werden bis zu den aufnahmefähigen Aminosäuren gespalten, Fette überwiegend in Fettsäuren und Glycerin abgebaut und die Kohlenhydrate bis zu den jeweiligen Monosacchariden aufgeschlüsselt. Damit dieser Verdauungsprozess optimal stattfinden kann und die Nährstoffe dann auch durch die Darmwand aufgenommen werden können, muss die Oberfläche der Darmschleimhaut möglichst groß sein. Dies ist sichergestellt durch Falten und die sogenannten Darm- und Mikrozotten, die die Oberfläche der Darmschleimhaut um mehr als 35 Prozent vergrößern. Durch die so gewonnene Erweiterung der Kontaktfläche der Darmschleimhaut kann sie verstärkt mit dem Darminhalt in Verbindung treten und dadurch die Nährstoffe und

Damit die Verdauung funktioniert, ist auch die Aufnahme von genügend Flüssigkeit sehr wichtig. (Foto: Schanz)

ihre Bruchstücke aufnehmen. Aufgenommen werden so die Fettsäuren, die fettlöslichen Vitamine A, D, E und K, die wasserlöslichen Vitamine B und C, Aminosäuren und Glukose sowie Mineralstoffe.

Dickdarm

Der Dickdarm (Colon) und das sich anschließende Rektum (bestehend aus Mast- und Enddarm) bilden den letzten Abschnitt des Verdauungstraktes. Da die Verdauung und Aufnahme von Nährstoffen im Dünndarm bereits abgeschlossen sind, liegt die Hauptaufgabe des Dickdarms in der Rückaufnahme von Wasser und Elektrolyten.

Der Dickdarm ist im Gegensatz zum Dünndarm reich mit Bakterien besiedelt, welche die unverdaulichen Nahrungsreste durch Gärungs- und Fäulnisvorgänge weiter abbauen. Somit kann der Dickdarm durchaus als Bakterienverdauungsraum bezeichnet werden.

Unterteilt wird der Dickdarm in die drei Abschnitte Grimmdarm, Blinddarm und Mastdarm, die ohne deutliche Begrenzung ineinander übergehen. Der Grimmdarm selbst wird in vier Abschnitte eingeteilt: den aufsteigenden Grimmdarm (Colon ascendens), den quer verlaufenden Grimmdarm (Colon transversum), den absteigenden Grimmdarm (Colon descendens) und den s-förmigen Grimmdarm (Colon sigmoideum oder kurz Sigma genannt).

Durch die Rückführung von Wasser wird der Kot immer weiter eingedickt und nach einer Speicherung im Rektum schließlich als halbfeste Masse über den After ausgeschieden.

In den Ausbuchtungen des Enddarms befinden sich die Analbeutel. Die häufig verwendete Bezeichnung als „Analdrüsen“ ist nicht korrekt, da sie selbst keine Drüsen sind. Vielmehr münden in ihrem Inneren Talgdrüsen, die Duftstoffe produzieren. Diese Duftstoffe dienen der Erkennung des Individuums und der Individualmarkierung.

Energie – die Basis aller Lebensvorgänge

Wie im vorherigen Kapitel erklärt wurde, dient der komplette Verdauungsprozess der Nährstoffe letztendlich nur einem Ziel: Nahrung in lebenswichtige Energie aufzubereiten. Der Körper benötigt die ihm zugeführte Energie zur Aufrechterhaltung seiner Lebensvorgänge. Im Organismus laufen ständig chemische Vorgänge ab, die einerseits durch Energiegewinnung und andererseits durch Energieverbrauch gekennzeichnet sind. Jede einzelne Zelle benötigt ständig diese Energie, um funktionsfähig zu bleiben. Folglich trifft dies auch auf alle Organe und Gewebe zu, die ja aus Zellen bestehen. Wird keine Energie mehr zugeführt, stirbt die Zelle ab. Ohne Energie können keine neuen Zellen entstehen, sodass ohne Nahrung und Flüssigkeit schließlich der gesamte Organismus eingeht.

Je nach Lebensalter, Aktivität und Haltungsbedingungen ist der Energiebedarf einer Katze unterschiedlich groß. (Foto: Schanz)

Jede Katze hat einen individuellen Energiebedarf für die Erhaltung ihrer Lebensvorgänge. Diese weichen in Phasen des Wachstums, bei der Fortpflanzung und je nach Aktivität von der „Norm“ ab und müssen bei der Fütterung berücksichtigt werden. Aber auch sinkende Außentemperaturen führen dazu, dass mehr Energie zur Aufrechterhaltung der Körpertemperatur benötigt wird – dies sollte bei den „Freigängern“ unter den Samtpfoten beachtet werden. Katzensenioren hingegen benötigen weniger Energie, um die Lebensvorgänge aufrechtzuerhalten.

Doch zunächst soll an dieser Stelle eine Berechnungsgrundlage für Ihre Katze genannt werden, die sich auf den Erhaltungsbedarf bezieht, also auf ein erwachsenes Tier ohne Übergewicht und nicht in der Wachstums- oder Fortpflanzungsphase. Sie können dazu komplizierte Verfahren und Berechnungstabellen heranziehen oder es ganz einfach handhaben. Letzte Variante wird seit vielen Jahren von Katzenhaltern erfolgreich praktiziert und ist auch meiner Meinung nach die einfachste und beste Möglichkeit für die Zusammenstellung einer optimalen Futterration.

Ein wichtiger Hinweis vorweg: Die hier verwendete Formel zur Berechnung der täglichen Gesamtfuttermenge ist lediglich ein Richtwert und keine starre Regel! Jede einzelne Katze ist ein Individuum. Dies bezieht sich nicht nur auf die charakterlichen Eigenschaften, sondern auch auf alles andere im Leben einer Katze. Bei jedem Tier arbeitet der Stoffwechsel etwas anders, ist die Aktivität unterschiedlich. Daher kann es keine grundsätzliche Regel zur Berechnung geben, sondern nur einen Richtwert!

Die Erfahrung zeigt, dass Sie mit diesem Richtwert bei Ihrer Katze nichts falsch machen können. Jedoch sollten Sie dazu bereit sein, die Tagesration der Aktivität und dem Stoffwechsel Ihres Tieres anzupassen. Das bedeutet im Klartext: Nutzen

Sie die hier vorgestellte Formel als Grundlage zur Berechnung der täglichen Futtermenge. Wenn Ihr Tier zunimmt, dann reduzieren Sie die Menge um ein halbes Prozent, wenn Ihr Tier abnimmt, dann erhöhen Sie die Menge entsprechend. Ich versichere Ihnen aber, dass diese Formel absolut praktikabel und ausreichend ist. Sie benötigen wirklich keine schwierigere Berechnung oder Tabellen. Oder haben Sie schon mal eine frei lebende Katze mit einem Buch unter dem Arm gesehen zur Berechnung ihres idealen Beutetieres?

Um die richtige Futtermenge berechnen zu können, muss man das Gewicht der Katze kennen. (Foto: Schanz)

Berechnung der Futtermenge für eine erwachsene Katze

Zur Berechnung der täglichen Futtermenge benötigen Sie zunächst einmal das Gewicht Ihrer Katze. Für unser Berechnungsbeispiel nehmen wir ein Tier mit einem optimalen Gewicht von fünf Kilogramm, dies ist unser Ausgangswert! Von diesem Körpergewicht errechnen wir nun zwei Prozent und haben damit bereits unsere tägliche Fütterungsmenge.

Gewicht (in Gramm) : 100 x 2
= Tagesfuttermenge (in Gramm)
Beispiel: 5000 g : 100 x 2 = 100 g

Unsere Katze benötigt also pro Tag 100 Gramm Gesamtfuttermenge. Das war doch einfach, oder?

Und so einfach geht es auch weiter. Wenn wir uns nun einmal ein bevorzugtes Beutetier unserer Katze näher betrachten, dann stellen wir fest, dass dieses nicht ausschließlich aus Fleisch besteht. Neben dem Muskelfleisch finden wir Organe, Bindegewebe, Knochen, Blut, den Inhalt des Magen-Darm-Trakts, nämlich pflanzliche Kost und Getreide in vorverdauter Form, und noch einige andere Dinge. Dies müssen wir bei der

Quasi das „ideale Beutetier" auf dem Küchentisch: ein Mix aus Fleisch und pflanzlicher Kost. (Foto: Hans)

Futterzusammenstellung berücksichtigen, denn letztendlich versuchen wir ja unserer Katze ein Futter anzubieten, das dem Beutetier so ähnlich wie möglich ist. Zu den bevorzugten Beutetieren einer Katze gehören neben Nagetieren auch Vögel, aber auch mal Insekten oder wirbellose Kriechtiere.

Wenn man die bevorzugten Beutetiere grob unterteilt, dann gelangt man zu folgendem Ergebnis:

Das ideale Beutetier besteht aus:

- **circa 85 % Fleisch**
  Dazu zählen Muskelfleisch, Bindegewebe, Organe, aber auch Knochen, die von der Katze eher selten komplett mit aufgefressen werden.
- **circa 10 % pflanzlicher Kost**
  Diese wurde vom Beutetier aufgenommen und in dessen Magen-Darm-Trakt bereits anverdaut.

- **circa 5 % Getreide**

Dieser Anteil wurde vom Beutetier und im Magen-Darm-Trakt bereits aufgeschlossen und soll bei der naturnahen Ernährung auch das Raufutter (zum Beispiel Fell des Nagetieres) imitieren.

Daraus resultiert das Mengenverhältnis unserer Rationsgestaltung wie folgt:

Beispiel:
85 % von 100 g = 85 g Fleisch
10 % von 100 g = 10 g pflanzliche Kost
5 % von 100 g = 5 g Getreide

Bei der Fleischration ist zu beachten, dass es sich hierbei nicht ausschließlich um reines Muskelfleisch handelt, sondern anteilsmäßig auch um Innereien. Dazu bedarf die Fleischration einer weiteren Unterteilung, die sich wie folgt darstellt:

Der Fleischanteil lässt sich gliedern in:
- **2/3 Muskelfleisch** (von 85 g ergibt dies circa 56 g)
- **1/3 Innereien** (von 85 g ergibt dies circa 29 g)

Welche Sorten an Fleisch und Innereien Verwendung finden können, wird ab Seite 40 ausführlich dargestellt. Dies gilt ebenso für die pflanzlichen Nahrungsmittel und das Getreide. Wie bereits mehrfach erwähnt, nimmt unsere Katze die zuletzt genannten Komponenten über ihr Beutetier in bereits vorverdauter beziehungsweise aufgeschlossener Form auf. Somit können wir dem Fleisch nicht einfach nur ein Salatblatt und ein paar Getreidekörner beigeben, sondern müssen dafür sorgen, diese Bestandteile der Nahrung in einer für unsere Katze umsetzbaren Form anzubieten.

Große Bissen oder feines Püree?
Da die Katze in der Natur als frei lebender Jäger ihre Beute komplett roh verzehrt, muss in Anlehnung an diese sich bis heute nicht veränderten biologischen Grundsätze das Fleisch des vom Menschen zubereiteten Futters auch roh sein. Ob Sie das Fleisch in kleineren Stücken oder gewolft darreichen möchten, hängt letztendlich von der Vorliebe Ihrer Katze ab und muss im Einzelfall ausprobiert werden. Grundsätzlich lässt sich jedoch sagen, dass etwas größere Happen, die die Katze zum Kauen auffordern, mit Sicherheit der Zahngesundheit zuträglicher sind als ein fein gewolfter „Fleischbrei“, der nur noch hinuntergeschluckt zu werden braucht. Ob Sie den Gemüseanteil über das Fleisch geben oder mit ihm vermengen, hängt ganz von den Vorlieben Ihrer Katze ab.

Die Zellulose der pflanzlichen Kost ist durch den Verdauungsvorgang des Beutetieres aufgebrochen und steht so unserer Katze bereits in annehmbarer Form zur Verfügung. Um diesen Prozess nachzuahmen, benötigen Sie lediglich einen Mixer oder Pürierstab, mit dem Sie die pflanzliche Komponente zerkleinern und dadurch ebenfalls die Zellulosewände öffnen.

Auch das Getreide muss teilweise „vorbehandelt“ werden. Wenn Sie ganze Getreidekörner

„Fleisch“ für die Katze – das bedeutet nicht nur Muskelfleisch zu füttern, sondern auch Innereien. (Foto: Hans)

einkaufen, müssen Sie diese quetschen oder durch eine Walze pressen, um daraus Flocken herzustellen. Kaum jemand hat heutzutage noch diese Gerätschaften, und glücklicherweise benötigen wir sie auch nicht, da es in jedem Geschäft bereits fertige Getreideflocken zu kaufen gibt. Trotzdem ist die Beigabe von Getreide bei der Futterration unterschiedlich. Wenn ich meiner Katze Getreide beifüttere, dann sollte dieses grundsätzlich eingeweicht sein (am besten über Nacht). Dies imitiert den Verdauungsvorgang des Beutetiers und ist somit unverzichtbar. Verwendung finden kann beispielsweise eine selbst zubereitete Gemüsebrühe. Diese sollte aus reinem Gemüsesud ohne jegliche Gewürze bestehen. Eingesetzt werden können auch Buttermilch oder einfaches Leitungswasser.

Obwohl unsere Mäusefänger ihre Beute inklusive Magen-Darm-Inhalt verputzen, hat es sich in der Praxis bewährt, diese Komponente getrennt von der Fleisch-Gemüse-Kost zu verabreichen. Wenn ich jedoch das Getreide als Raufutterersatz zugebe, dann einfach als pure Flocken über den Fleisch-Gemüse-Mix. Die Katze nimmt mit ihrem Beutetier auch dessen Fell beziehungsweise Gefieder als Raufutter auf, um die Darmmotorik zu regulieren. Diesen wichtigen Vorgang wollen wir natürlich auch nicht unberücksichtigt lassen.

Berechnung der Futtermenge für eine übergewichtige Katze

Übergewicht gehört leider auch bei unseren Katzen bereits zu den Zivilisationskrankheiten mit all ihren unschönen Folgen. In der freien Wildbahn käme dieses Problem gar nicht erst vor. Gerechterweise muss an dieser Stelle aber auch erwähnt werden, dass in einigen Fällen der Eingriff einer Kastration nicht unschuldig an dieser Gewichtszunahme ist – ein Lebenseinschnitt, der in freier Wildbahn ebenfalls nicht vorkommt. Mit dieser Operation wird nicht nur die Vermehrung unserer Katzen kontrolliert, sondern sie stellt auch einen massiven Eingriff in den Hormonhaushalt dar. Dadurch verändern sich natürlich auch diverse Vorgänge im Organismus und bedürfen somit einer kleinen Korrektur der täglichen Futterration.

Um den täglichen Futterbedarf einer übergewichtigen Katze zu errechnen, verwenden Sie jedoch trotzdem die Formel für eine erwachsene Katze im Erhaltungsstoffwechsel. Der einzige Unterschied liegt darin, dass als Ausgangswert nicht das tatsächliche Gewicht des Stubentigers, sondern das angestrebte Gewicht genommen wird.

Was ist das Idealgewicht?
Es ist schwierig, das Idealgewicht einer Katze in Kilogramm auszudrücken – dafür sind unsere Stubentiger einfach individuell zu verschieden, wobei nicht nur die Größe, sondern auch der Körperbau eine Rolle spielt. Auf konkrete Angaben wird daher hier bewusst verzichtet. Einen groben Anhaltspunkt erhalten Sie, wenn Sie Ihrer Katze beidseits von den Schultern mit flachen Händen und leichtem Druck über den Körper streichen. Sie sollten dann die Rippen spüren und auch die Taille ertasten können. Sind Sie nicht sicher, ob Ihre Katze das richtige Gewicht hat, fragen Sie Ihren Tierarzt, wenn Sie das nächste Mal mit Ihrer Katze in der Praxis sind.

Das Interesse ist auch so vorhanden, … (Foto: Schanz)

… doch damit die Katze pflanzliche Kost verdauen kann, muss sie zuvor zum Beispiel im Mixer zerkleinert werden. (Foto: Hans)

Dies bedeutet, wenn ich eine Katze mit einem Gewicht von 6,5 Kilogramm habe, 500 Gramm weniger aber dem Idealgewicht entsprächen, dann benutze ich als Grundlage die sechs Kilogramm Körpermasse. In der Berechnung stellt sich das dann so dar:

Beispiel:
6000 g : 100 x 2 = 120 g

Die 120 g Gesamtfuttermenge wird dann wieder aufgeteilt in:

Beispiel:
85 % von 120 g = 102 g Fleisch
10 % von 120 g = 12 g pflanzliche Kost
5 % von 120 g = 6 g Getreide

Übergewicht ist leider auch bei Katzen zu einem häufigen Problem geworden und zieht oft schwere gesundheitliche Schäden nach sich. (Foto: Schanz)

Auch hier ist wieder auf das richtige Mengenverhältnis zwischen Muskelfleisch und Innereien zu achten, das dann so aussieht:

2/3 Muskelfleisch
(von 102 g ergibt dies 68 g)
1/3 Innereien
(von 102 g ergibt dies 34 g)

Nun nehmen wir einmal zum Vergleich das tatsächliche Gewicht unserer übergewichtigen Katze und stellen fest: Zwei Prozent von 6,5 Kilogramm ergeben 130 Gramm Futtermenge pro Tag. Diese täglichen zehn Gramm mehr Futter entscheiden über den Erhalt des Übergewichtes beziehungsweise über die Gewichtsreduktion. Da sollte es doch keinem Katzenbesitzer mehr schwerfallen, die Waage zur genauen Abmessung der Futtermenge herauszuholen.

Berechnung der Futtermenge für eine trächtige Katze

Die Rationsgestaltung bleibt auch bei der trächtigen Katze in der Zusammensetzung erhalten. Leider wird noch immer sehr häufig der Fehler begangen, die Kätzin in ihrem Zustand mit der doppelten Menge an Futter zu „beladen“. Das ist absolut unnötig. Natürlich braucht diese Samtpfote etwas mehr, aber nicht das Doppelte. Circa 10 bis 15 Prozent mehr Futter pro Tag sind ausreichend. In der Berechnung stellt es sich für eine Kätzin von circa 5,5 kg Kilogramm dann so dar:

Beispiel:
5500 g : 100 x 2 = 110 g
110 g + 10 % = 121 g

beziehungsweise:
110 g + 15 % = 126,5 g

Berechnung der Futtermenge für eine ältere Katze

Der Senior unter unseren Samtpfoten benötigt weniger Futter als eine Katze im Erhaltungsstoffwechsel. Zum einen sind unsere Katzen im fortgeschrittenen Lebensalter nicht mehr so aktiv wie jüngere Tiere. Zum anderen verlangsamt sich bei den Senioren das Stoffwechselgeschehen – das sollte bei der Ernährung grundsätzlich berücksichtigt werden. Ab wann eine Katze zu den Senioren gezählt wird, lässt sich meiner Meinung nach aber nicht genau festlegen. So, wie jedes Tier zum Beispiel bei einer Erkrankung individuell unterschiedliche Symptome zeigt, so ist auch seine Ernährung immer individuell zu betrachten. Wenn man von einer Lebenserwartung bei Katzen von circa 20 Jahren ausgeht, dann könnte man von einem älteren Tier ab einem Lebensalter von 12 bis 15 Jahren sprechen. Ich selbst aber habe Katzen kennengelernt, die selbst im hohen Alter von 18 Jahren noch so aktiv waren wie manch jüngerer Artgenosse. Andererseits wiederum kenne ich Samtpfoten, die bereits mit zehn Jahren sehr alt und gebrechlich wirkten und kaum noch aktives Interesse an ihrer Umwelt zeigten. Um eine Basis zu haben, ist es jedoch durchaus legitim, eine Katze ab einem Alter von circa zwölf Jahren zu den Senioren zu zählen.

Wenn Sie nun meinen, Ihr vierbeiniger Gefährte ist weniger aktiv und kann als Senior klassifiziert werden, dann dient Ihnen die folgende Berechnung als Grundlage. Als Ausgangswert für die tägliche Gesamtration ziehen wir wieder das Gewicht des Tieres heran. Voraussetzung hierfür ist, dass es sich bei der Körpermasse um den Idealwert und nicht um Übergewicht handelt. Für unser Beispiel nehmen wir eine ältere Katze mit einem Idealgewicht von sieben Kilogramm.

Beispiel:
7000 g : 100 x 2 = 140 g

Würden wir diese Menge so füttern, wäre dies für einen Senior mit verringerter Aktivität einfach zu viel sein. Dies würde den Organismus nur unnötig belasten, also reduzieren wir das ganze um zehn Prozent und erhalten:

Beispiel:
140 g – 10 % = 126 g

Die errechneten 126 g Gesamtfuttermenge sind für eine ältere Katze ausreichend, um die Lebensvorgänge zu erhalten und den Organismus nicht unnötig zu belasten. Die Aufteilung der Ration in Fleisch-, Gemüse- und Getreidekost ist wie bei Katzen im Erhaltungsstoffwechsel und bedarf keiner Veränderung. Bitte machen Sie nicht den Fehler und erhöhen den Anteil der pflanzlichen und/oder Getreidekost. Dies kann auch ein Senior nur schwer verdauen. Auch hier ist die Natur in ihrer Perfektion unser Vorbild: Kein älteres Tier in der freien Wildbahn erhält beziehungsweise jagt ein spezielles Senioren-Beutetier. Es handelt sich noch immer um die gleichen Beutetiere, in der gleichen Zusammensetzung, die ältere Wildkatze frisst einfach nur weniger davon!

Die noch weit verbreitete Meinung, es wäre sinnvoll, bei einer älteren Katze den Getreideanteil zu erhöhen, ist, um es ganz deutlich zu sagen,

Der Katzensenior lässt den Tag meist ruhiger angehen – und braucht deshalb weniger Energie als eine aktive, junge Katze. (Foto: Schanz)

absoluter Unsinn. Im Getreide sind zwar viele wertvolle Vitamine, Mineralstoffe und Spurenelemente enthalten. Aber es sind auch Füllstoffe, um ein schnelleres Sättigungsgefühl zu erzeugen, und nicht in dem Maße ernährend, wie es ein Beutetierfresser benötigt. Katzen können zwar die Kohlenhydrate spalten, aber nicht in dem Mengenverhältnis, wie es ein Alles- oder Pflanzenfresser könnte. Zudem ist der Eiweißgehalt in der Getreide- und auch pflanzlichen Kost nicht so hochwertig und liefert daraus resultierend auch nicht genügend Energie.

Sollten Sie das Gefühl haben, dass das Gewicht Ihres Seniors nach unten korrigiert werden muss, dann behalten Sie einfach die zuvor genannte Berechnung bei und benutzen als Ausgangswert das Gewicht, das als Ideal erachtet wird.

Berechnung der Futtermenge für ein junges Kätzchen

Wie Sie vielleicht schon richtig vermutet haben, ist auch diese Berechnung der Futtermenge sehr einfach und weicht kaum von den zuvor genannten Beispielen ab. Differenzen gibt es lediglich bei der Häufigkeit der Rationen und der zur Verfügung gestellten Kost – dazu später mehr. Doch zunächst wollen wir uns auch hier die Formel zur Errechnung der Futtermenge ansehen. Da ein junges Kätzchen sich in der Wachstumsphase befindet, hat es natürlich auch einen hohen Bedarf an Energie. Diesen können wir nicht decken, wenn wir das aktuelle, tatsächliche Gewicht als Ausgangswert nehmen. Aus diesem Grund müssen wir einen geschätzten Wert heranziehen. Bei dem geschätzten Wert handelt es sich um das Gewicht, das das Kätzchen später einmal als erwachsene Katze erreichen wird. Dazu kann man idealerweise die Körpermasse der Elterntiere heranziehen. Wenn das Muttertier circa fünf Kilogramm wiegt und der Vater circa sechs bis sieben Kilogramm, dann ist die Wahrscheinlichkeit hoch, dass ein weibliches Katzenjunges ein ähnliches Gewicht wie die Mutter und ein männliches Katzenkind ein ähnliches Gewicht wie der Vater auf die Waage bringen wird. Also würden wir bei einem weiblichen Tier die fünf Kilogramm als Ausgangswert nehmen und bei einem jungen Kater die sechs oder sieben Kilogramm Körpermasse.

Die Berechnung erfolgt dann wie zuvor mehrfach beschrieben, nämlich zwei Prozent der angenommenen zu erreichenden Körpermasse als tägliche Gesamtfuttermenge. Wenn aber Ihr Katzenjunges nach den Mahlzeiten ein aufgeblähtes Bäuchlein bekommt, dann reduzieren Sie bitte die Mahlzeit um circa fünf Prozent von der täglichen Futterration.

Damit junge Kätzchen gut heranwachsen können, ist es wichtig, ihr vermutliches Gewicht im Erwachsenenalter zu berechnen und die Futtermenge entsprechend anzupassen. (Foto: Schanz)

Die Gestaltung der Futterrationen

Die Zusammensetzung der Mahlzeiten ist vom Alter der Katze abhängig und soll deswegen an dieser Stelle gesondert aufgeführt werden. Die Fütterungspläne entstammen dem Wissen von Juliette de Bairacli-Levy, der Pionierin der Kräuterheilkunde für Tiere und Verfechterin naturnaher Ernährung aller Kreaturen. Ich selbst arbeite seit vielen Jahren nach diesem Prinzip, und viele meiner Tierbesitzer haben bereits nach diesem Plan ihre Katzenkinder (und Hundewelpen) großgezogen. Herausgekommen sind dabei stets gesunde, wesensfeste und aktive Tiere, denen diese Merkmale auch bis ins hohe Lebensalter erhalten blieben.

Die Entwöhnung

Bis zu einem Alter von vier Wochen sollten die Jungen die Milch ihrer Mutter zu sich nehmen. Sollte das Muttertier in dieser Zeit jedoch nicht ausreichend Milch für alle Jungen produzieren oder muss aus anderen Gründen entlastet werden, dann kann man zusätzlich andere, mit naturbelassenem Honig angereicherte Milch anbieten. Wenn möglich sollte es sich um die sogenannte Vorzugsmilch, auf jeden Fall aber um unbehandelte Vollmilch handeln. Besonders geeignet ist Ziegen- oder Schafsmilch. Da diese Sorten teilweise schwer zu beschaffen sind, ist alternativ auch die Vorzugsmilch einer Kuh in Ordnung. Ab dem Alter von zwei Wochen sollte man neben der Milch auch frisches Trinkwasser mit anbieten.

Ab der vierten Lebenswoche wird die Milch der Katzenmutter pro Junges durch folgende Mahlzeiten ergänzt:

Morgens: Milch (wie zuvor beschrieben) vermengt mit Baumrinden-Mischung®

Mittags: Milch, vermengt mit einem Teelöffel Getreideflocken

Nachmittags: wie mittags

Abends: wie morgens

Ab einem Alter von sechs Wochen wird nur noch die Milchmahlzeit von morgens und mittags gefüttert. Die Nachmittags- und Abendmahlzeit wird durch ein paar Teelöffel rohes Fleisch oder leicht gebackenen Fisch ersetzt. Fleisch und Fisch sollten fein geschnitten oder geschabt und wenn möglich nicht gehackt sein. So kann das Kätzchen von Beginn an sein Gebiss kräftigen und sauber halten. Der Fleisch-/Fischkost wird eine Prise Algenpulver (zum Beispiel Seetang-Mischung®) und ein Teelöffel rohe, fein gehackte Küchen- oder

Für Katzenbabys die einzig richtige Nahrung ist die Milch ihrer Mutter. (Foto: Schanz)

Wildkräuter untergemengt. Bei den Kräutern sollten Sie, wenn möglich, jeweils mehrere Sorten gemeinsam verabreichen, da ihnen unterschiedliche Anteile an Vitaminen, Mineralstoffen und Spurenelementen innewohnen.

Nach der Entwöhnung bis zum achten Lebensmonat

Morgens: Milch mit Baumrinden-Mischung® und ein paar Getreideflocken. Davon darf das Kätzchen so viel fressen, wie es mag.

Mittags: Milch mit gemischten Getreideflocken und einer Mischung aus Malzpulver, Johannisbrot und Süßholz. Sie können diese Mischung selbst herstellen oder fertig kaufen, zum Beispiel als Bella-Malt Hundemalz®. Bitte lassen Sie sich durch die Bezeichnung nicht in die Irre führen, es ist selbstverständlich auch für unsere Katzen geeignet.

Dem Ganzen fügen Sie ein paar Tropfen kalt gepresstes Pflanzenöl zu, zum Beispiel Sonnenblumen- oder Weizenkeimöl. Zwei- bis dreimal pro Woche können Sie dieser Mahlzeit auch ein komplettes, verquirltes rohes Ei und/oder etwas Quark beigeben. Mineralreich und wurmwidrig wirkt eine Prise getrocknete Kokosraspel.

Kleine Kätzchen bekommen nach der Entwöhnung idealerweise vier Mahlzeiten am Tag angeboten. (Foto: Schanz)

Nachmittags: Fleischmahlzeit mit einer Prise Algenpulver, einem Teelöffel gemischten Salat- oder Wildkräutern, ein paar Tropfen Pflanzenöl und einem Teelöffel Kleie als Raufutterersatz. Dieser Mahlzeit kann man zwei- bis viermal pro Woche zusätzlich rohe, fein geriebene Karotten oder geraspelten Apfel beifügen.

Abends: Diese Mahlzeit wird wie nachmittags als Fleischkost zubereitet.

Ab einem Alter von drei Monaten sollte man die Samtpfote ruhig einmal in der Woche einen halben Tag fasten lassen. Dies können Sie ohne schlechtes Gewissen oder Besorgnis tun, denn bedenken Sie bitte: Auch eine Katze in der freien Natur erlegt nicht jeden Tag (ausreichend) Beute. An so manchen Tagen müssen sich die wilden Artgenossen mit magerer Kost begnügen. Um auch hier der Natur nachzueifern, ist es absolut in Ordnung, unserer Katze auch mal weniger beziehungsweise leichtere Kost anzubieten. Verdünnter Quark mit Kräutern oder ein Getreidebrei könnten bei einem solchen halben Fastentag zum Einsatz kommen. Dadurch reduziert sich die gesamte Fleischfütterung pro Woche auf fünf bis sechs Tage.

Ab einem Alter von vier Monaten kann man, wenn gewünscht, die Mittagsmahlzeit ausfallen lassen.

Ab dem achten Lebensmonat

Ab diesem Alter kann man zu der Kost für eine erwachsene Katze übergehen. Bitte beachten Sie hierbei, dass es sich um keine starre Regel handelt, Sie können natürlich auch etwas später zu der „Mahlzeit für Erwachsene“ übergehen, sollten dies aber nicht unbedingt früher machen.

Die erwachsene Katze

Die erwachsene Katze erhält drei Mahlzeiten pro Tag. Da die meisten Samtpfoten ein leichtes Frühstück bevorzugen, bietet sich hier die Kost mit Vollkorngetreide (zum Beispiel in Wasser, Gemüsebrühe oder Milch eingeweicht) an. Die Mittags- und Abendkost bleiben als Fleischmahlzeit erhalten. Und natürlich sollten Sie darauf achten, dass das Futter weder zu kalt noch zu heiß ist, denn das bekommt einem Katzenmagen nur schwer.

Die trächtige Katze

Die Zusammensetzung bleibt wie bei einer erwachsenen Katze erhalten. Allerdings können Sie den Milchanteil etwas erhöhen, um Muttertier und Kitten ausreichend mit Kalzium zu versorgen. Auch spricht nichts dagegen, den Anteil an Küchen- oder Wildkräutern zu erhöhen, da diese reich an Vitaminen, Mineralstoffen und Spurenelementen sind. Welche Kräuter sich eignen und welche nicht (um beispielsweise keinen Abort zu verursachen), können Sie in meinem Buch „Kräuterbuch für Katzen“ (Cadmos Verlag) nachlesen. Ein Aufguss aus Himbeerblättern unterstützt Ihre Katze zum Beispiel bei einer reibungslosen Niederkunft.

Die ältere Katze

Gemäß der Berechnungsgrundlage erhalten unsere Senioren die gleiche Kost wie eine erwachsene Katze, nur etwas weniger. Wenn es Ihre Zeit erlaubt, dann können Sie Ihrem vierbeinigen Gefährten anstelle von drei auch vier Mahlzeiten anbieten. Wie schon erwähnt arbeitet der Stoffwechsel ja nicht mehr so schnell wie bei einer jüngeren Katze. Da kann die Aufteilung in vier Portionen pro Tag behilflich sein.

Spezielle Diätetik

Sollte Ihre Katze trotz bester Ernährung und Pflege doch einmal erkranken, so ist manchmal eine spezielle Kost vonnöten. Ausführungen hierzu würden allerdings angesichts der Vielzahl von Erkrankungen thematisch den Rahmen dieses Buches sprengen. Außerdem handelt es sich größtenteils um so schwerwiegende Krankheiten, dass ihre Behandlung unbedingt in die Hand eines Fachmannes gehört. Dieser sollte und wird dann für Ihre Katze einen individuellen Diätplan erstellen.

Sehr mineralreich und außerdem wirksam gegen Wurmbefall sind Kokosraspel. (Foto: Hans)

Die Futterkomponenten

Fleisch

Welche Sorten Fleisch Sie Ihrem Stubentiger anbieten möchten, hängt eigentlich nur von Ihrer Beschaffungsmöglichkeit und den eventuellen Vorlieben Ihrer Katze ab. Nutzen können Sie jegliche Fleischvariante wie Rind, Wild, Lamm, Kaninchen, alle Geflügelsorten oder auch Pferd. Einzige Ausnahme stellt das Schweinefleisch dar. Weder das Fleisch des Haus- noch das des Wildschweins sollte verfüttert werden. In beiden Sorten kann der Aujeszky-Virus vorhanden sein, der die Pseudowut auslösen kann und tödlich verläuft. Auch wenn Deutschland als Aujeszky-frei bezeichnet wird, sollte man kein unnötiges Risiko eingehen. Der eine oder andere mag sich vielleicht noch daran erinnern, dass unser Heimatland auch frei von der Maul- und Klauenseuche sein sollte. Vorsicht ist in diesem Fall besser als Nachsicht, also lieber Finger weg von Schweinefleisch!

Wenn Sie die Möglichkeit und finanziellen Mittel haben, ist natürlich Biofleisch dem Fleisch aus der

Geflügelfleisch ist eine wertvolle Komponente im Speiseplan für die Katze, ...

... aber auch frisches Rindfleisch ist gut geeignet. (Fotos: Hans)

Massentierhaltung vorzuziehen. Bei der benötigten Fleischmenge für Katzen mag dies vielleicht schon eher finanzierbar sein als bei so manchem Hundehalter, der große Mengen für eine naturnahe Ernährung benötigt. Wenn es Ihnen widerstrebt, Biofleisch zu verwenden, oder wenn Sie einfach Schwierigkeiten haben, Fleisch in Bioqualität in Ihrer Nähe zu bekommen, dann tut es selbstverständlich auch herkömmliches Fleisch. Im Übrigen hat auch die Tierfuttermittelindustrie auf das wachsende Interesse an naturnaher Ernährung reagiert, und viele Zoohandlungen sind der stetig steigenden Nachfrage nachgekommen. Somit werden Sie also oft auch in diesen Geschäften schnell bei der Fleischbeschaffung fündig.

Bitte vergessen Sie nicht, neben dem Muskelfleisch auch Innereien zu füttern. Dies könnten an einem Geflügeltag zum Beispiel Hühnerherzen und -mägen sein. An einem Rind- oder Lammtag füttern Sie Pansen, Blättermagen und Herz. Überhaupt sollten Sie den Innereien grundsätzlich Herz beimengen, da darin das für die Katze wichtige Taurin enthalten ist.

Naturnahe Ernährung bedeutet, bei der Gestaltung der Futterration das natürliche Beutetier so gut wie möglich nachzuahmen. Verwenden Sie deshalb für eine Mahlzeit jeweils Innereien derjenigen Tierart, von der Sie auch das Muskelfleisch ausgewählt haben. Nagetiere beispielsweise haben ja auch die inneren Organe eines Nagetieres und nicht die eines Vogels.

Andere Quellen für das Taurin wären zum Beispiel Hirn und Galle. Aber das werden weder Sie füttern mögen (sofern Sie es überhaupt irgendwo bekämen), noch würde die Katze es fressen, da gerade die Gallenblase und ihr Saft extrem bitter schmecken. Das ist beim Herzen nicht der Fall. Obwohl das Herzen ein Muskel ist, wird es doch zu den Innereien gezählt und wird auch mengenmäßig entsprechend gefüttert. Von der Gesamtmenge an Innereien darf der Anteil an Herz gut ein Drittel betragen. Mehr davon könnte zu Durchfällen führen, weniger davon auf Dauer zu Taurinmangel und damit unter anderem zur Erblindung. Leber und Niere sollten auf keinen Fall öfter als zwei- bis dreimal pro Woche verfüttert werden. Obwohl es für Schlachttiere Wartezeiten gibt zwischen Medikamentengabe und Schlachttermin, kann nicht ausgeschlossen werden, dass sich Restbestände in diesen beiden Entgiftungsorganen befinden. Man muss ja kein unnötiges Risiko eingehen.

Geeignete Innereien sind zum Beispiel noch Schlund, Lunge und Zunge. Mit dem frischen Fleisch erhält Ihre Katze hochwertiges Eiweiß, Mineralstoffe und Wasser. In den Innereien finden sich unter anderem Vitamin A und Taurin.

Die Fleischrationen kann man gut vorbereiten und portionsweise einfrieren. Das Gemüse sollte allerdings am besten immer frisch zubereitet und hinzugefügt werden.

Fisch

Fisch kann häufig einen Teil des Fleisches ersetzen. Viele Katzen lieben Fisch und es gehört auch auf ihren natürlichen Speiseplan. Frisch gefangenen Fisch können Sie roh verfüttern. Sonst gibt man ihn kurz (!) in kochendes Wasser, backt oder dünstet ihn ganz leicht an. Bitte keinen gebratenen

Viele Katzen lieben Fisch und dürfen ihn auch gern regelmäßig im Futternapf präsentiert bekommen. (Foto: Hans)

oder Dosenfisch verfüttern. Dies entspricht keiner naturnahen Ernährung, da beide Varianten zu stark gegart und die Eiweißmoleküle denaturiert wurden. Verwenden können Sie jegliche Sorte von Fisch, auch das richtet sich nach Ihrer Beschaffungsmöglichkeit. Sollten Sie keinen frischen Fisch in Ihrer Nähe erwerben können, dann tut es auch der Fisch aus der Gefriertruhe. Durch den Fisch bekommt unser Stubentiger hochwertiges Eiweiß, Mineralstoffe, Spurenelemente und Wasser.

Vor allem jegliche Salatsorten sind als pflanzliche Kost zu empfehlen, … (Foto: Schanz)

Pflanzliche Kost

Zu der für die Katze geeigneten pflanzlichen Kost zählen in erster Linie Salate. Auch hier können Sie Abwechslung ins Spiel bringen, da die Auswahl sehr groß ist. Wenn Sie einen kleinen Garten Ihr Eigen nennen, würde sich natürlich die Zucht einzelner Salatsorten anbieten, denn frischer geht es nicht. So könnte auf dem Speiseplan mal der Eisberg- und dann der Kopfsalat stehen, mal Endiviensalat oder Radicchio, Feldsalat oder Rauke oder, oder, oder. Doch egal für welche Sorte Sie sich entscheiden: Bitte denken Sie daran, den Salat immer mit dem Mixer oder dem Pürierstab zu zerkleinern. Das Gleiche gilt auch für Gemüse oder Obst. Verwenden können Sie zum Beispiel Salatgurken, Zucchini, Karotten, Äpfel oder auch mal Bananen.

… während Kartoffeln nur in gekochter Form gefüttert werden dürfen. (Foto: Hans)

Es gibt nur wenige Einschränkungen. Dazu gehören beispielsweise alle Kohlsorten. Diese müssen zum einen gedünstet werden und verursachen zum anderen Blähungen. Das müssen wir weder dem Tier noch uns antun. Kartoffeln müssen grundsätzlich gekocht werden, da sie im rohen Zustand giftig sind (gehören zu den Nachtschattengewächsen) und sollten aus diesem Grund nur bei einer notwendigen Diät Anwendung finden. Von den sogenannten Nachtschattengewächsen, zu denen unter anderem auch Tomaten, Paprika und Auberginen gehören, sollte man grundsätzlich Abstand nehmen, da sie unserem vierbeinigen Gefährten nur schlecht bekommen. Die Wirkstoffe der Nachtschattengewächse sind oft Alkaloide, die das Nervensystem vieler Tiere beeinflussen.

Bei den Obstsorten ist es etwas einfacher. Egal ob Beeren oder Zitrusfrüchte: Es ist unserer Katze gestattet, in den genannten Mengen davon zu naschen – vorausgesetzt, sie mag den fruchtig säuerlichen Geschmack überhaupt. Ausnahme bildet hier die Avocado, da sie den für Katzen giftigen Wirkstoff Persin enthält. Dafür können ungeschwefelte Feigen oder Datteln auch mal aus der Tüte in getrockneter Form Einsatz finden. Diese eignen sich, bitte in geringen Mengen, gut bei Verstopfungsproblemen, um wieder für mehr Aktivität im Darm zu sorgen. Bei Steinobst sollten Sie auf die Entfernung der Kerne und bei anderen Obstsorten darauf achten, dass diese auch wirklich reif sind, bevor Sie sie in den Mixer geben. Wer bei Salat, Obst und Gemüse auch ökologisch vorgehen möchte, sollte sich auf heimische Sorten konzentrieren und die importierten Gewächse meiden. Durch den Obst-, Gemüse- und Salatanteil versorgen wir unsere Katze mit natürlich belassenem Eiweiß, Kohlenhydraten, Mineralstoffen, Spurenelementen, vielen unterschiedlichen Vitaminen, Aroma- und Faserstoffen sowie Enzymen.

Fast alle Obstsorten kann die Katze problemlos gefüttert bekommen – allein ihre persönlichen Vorlieben setzen Grenzen. (Foto: Bosse)

Nur in ganzen Flocken stecken die wertvollen Inhaltsstoffe des Getreides. (Foto: Bosse)

Getreide

Wenn in diesem Buch von Getreide gesprochen wird, dann ist damit immer das volle Korn und nicht nur Auszüge aus Getreide gemeint. In einem weißen Auszugsmehl finden Sie kaum noch etwas Nahrhaftes, geschweige denn Gesundes. Es ist ernährungsphysiologisch fast vollkommen wertlos, da ihm wichtige Mineralien und Vitamine entzogen wurden. Ganz anders sieht es mit Vollkorngetreide aus. Hierin finden wir noch diese gesunden Eigenschaften. Verwenden können Sie so ziemlich jedes Vollkorngetreide beziehungsweise deren Flocken oder Schrot – also zum Beispiel Hafer, Weizen, Roggen oder Gerste. Letzteres ist ein wunderbares Heilmittel bei Erkrankungen des Blasen- und Nierenbereichs, zudem eines der am stärksten basisch wirkenden Getreide und reich an säurebindendem Magnesium. Es wirkt unter anderem stark blutreinigend.

Hafer wiederum liefert viel Eisen und wirkt reinigend auf den Verdauungstrakt. Roggen besitzt in seiner Außenhülle Fluor, das unter anderem für die Bildung von hartem Zahnschmelz verantwortlich ist. Aber auch ungezuckerte Maisflocken schmecken unseren Samtpfoten und dürfen angeboten werden. Sie sehen: Mit abwechslungsreichen Zutaten erhält Ihr Stubentiger alles, was er braucht. Doch so gesund auch diese Zutat ist, vergessen Sie bitte nicht, die Mengenangaben und die Vorbehandlung (durch Einweichen) einzuhalten. Getreide steht bei der Katzennahrung erst an dritter Stelle, ist aber dennoch wichtig, da unsere Katze damit Eiweiß, Kohlenhydrate, Fett, Faserstoffe, Mineralstoffe und auch Vitamine, insbesondere die Vitamine des B-Komplexes, erhält.

Durch verschiedene Umstände kann allerdings auch unsere Katze einmal allergisch auf Getreide reagieren. Dies macht sich unter anderem durch häufig auftretende Magen-Darm-Probleme oder schlechten Haut- und Fellzustand mit häufigem oder anhaltendem Juckreiz bemerkbar. Natürlich muss man in dieser Situation reagieren. In den meisten Fällen sind jedoch nicht alle Getreidearten, sondern nur ein oder zwei Sorten der Auslöser. Dem kann man recht einfach auf die Schliche kommen: Dazu verwendet man über einen Zeitraum von circa zwei Wochen jeweils nur eine Getreidesorte und geht so alle zum Einsatz gebrachten Vollkornsorten einzeln durch. Lassen die Symptome nach, dann handelt es sich bei dem gerade verwendeten Korn nicht um den Übeltäter, verschlechtern sich die Beschwerden oder bleiben sie gleich, ist mit großer Wahrscheinlichkeit zumindest schon mal ein Auslöser gefunden worden. Diese Getreidesorte lässt man dann selbstverständlich bei der weiteren Ernährung weg. Diese Maßnahme können Sie selbst einleiten. Um sicherzugehen, dass es sich dabei aber wirklich um eine ernährungsbedingte allergische Reaktion handelt, empfehle ich jedoch die Einbindung eines fachkundigen Behandlers. Dieser würde Ihnen in diesem Fall bestimmt das Gleiche vorschlagen wie ich: Beginnen Sie als Erstes damit, Weizen und Hafer wegzulassen, da diese Sorten in den meisten Fällen als Ursache festgestellt worden sind. Das bedeutet aber nicht, dass grundsätzlich bei jeder Katze auf diese Getreide-sorten verzichtet werden sollte, sondern nur bei den Tieren, bei denen sie diese Probleme hervorrufen.

Notwendige und nützliche Futterzusätze

Den einen oder anderen Futterzusatz haben Sie bereits bei der Gestaltung der Futterration gefunden. An dieser Stelle möchte ich solche und andere Beigaben noch einmal explizit anführen.

Kalt gepresste Öle

An erster Stelle sollen die kalt gepressten Öle ihre Erwähnung finden, da sie der täglichen Fleischration beigefügt werden sollten. Neben dem darin enthaltenen Fett sind auch die fettlöslichen Vitamine A, D, E und K vorzufinden. Von besonderer Bedeutung sind die einfach und mehrfach ungesättigten Fettsäuren, die auch als essenziell, also lebensnotwendig, bezeichnet werden. Zugeben können Sie sowohl Sonnenblumen-, Weizenkeim-, Oliven-, oder Maiskeimöl, wobei sich die geschmacksneutraleren Öle größerer Beliebtheit erfreuen als Öle mit mehr Eigengeschmack. In den Wintermonaten hat sich auch die Zugabe von Lebertran oder Lachsöl (zum Beispiel als Kapseln) bewährt.

Nüsse und Samen

Ab und an kann man das Öl durch Nüsse ersetzen. Nüsse kommen auch als Nahrung bei den Beute-

Ein paar Tropfen Öl bewirken zum Beispiel, dass die Vitamine aus geriebenen Möhren besser vom Körper aufgenommen werden können. (Foto: Hans)

tieren der Katzen vor und entsprechen somit durchaus einer naturnahen Ernährung. Allerdings passen die Nüsse geschmacklich eher in die Getreide- als in die Fleischmahlzeit. In gleicher Weise kann auch ein Ersatz durch Sesam oder Leinsamen erfolgen. Sesam ist ein stark ölhaltiger Samen. Wird dieser Samen zerstampft, erhält man eine cremig dicke Substanz, die in der arabischen Welt als Tahin bezeichnet wird. Tahin bekommen Sie ohne Probleme in einem türkischen Geschäft und wird Ihrer Katze gut schmecken und bekommen. Leinsamen sollte geschrotet erworben werden. Es ist reich an Mineralstoffen und im Winter ein gutes Stärkungsmittel. Allerdings sollten Sie den Leinsamen nicht pur geschrotet verwenden, da seine zähe Außenhaut unverdaulich ist und das schädliche Amygdalin enthält, das zu einer Blausäurenvergiftung führen kann. Deswegen den Leinsamen auch nicht kochen oder mit heißem Wasser übergießen, da dadurch diese Stoffe ausgelöst werden können. Besser ist es, den Leinsamen in reichlich Wasser für circa 24 Stunden einzuweichen. Das Wasser dann bitte wegschütten und den so nutzbaren Leinsamen anteilig der Getreidemahlzeit beimengen.

Das natürliche Raufutter, das Katzen in freier Wildbahn durch Felle und Federn ihrer Beutetiere zu sich nehmen, kann man hervorragend durch Kleie ersetzen. Alternativ bieten sich aber auch andere ganze Vollkornflocken an.

Sojabohnen sollten Sie grundsätzlich meiden, da sie fast alle genmanipuliert sind. Welche Folgen diese Manipulation hervorruft, ist noch nicht bekannt oder absehbar, deswegen lieber: Finger weg!

Keimlinge und Sprossen

Keimlinge und Sprossen erfreuen sich nicht nur bei immer mehr Menschen großer Beliebtheit, sondern können hervorragend in den Ernährungsplan unserer Katze eingefügt werden. Gemüse- und Körnerkeime enthalten ein vollständiges Protein, das auch unserem Tier zugute kommt. Dieses rohe Protein wird in Aminosäuren umgesetzt und die Stärke größtenteils in einfachen Zucker verwandelt, wodurch die Keimlinge zu einem vorverdauten

Lebensmittel werden. Der Gehalt an Vitaminen eines Samens erhöht sich beim Keimen beträchtlich. Je nach Art des Samens ist gewöhnlich 50 bis 96 Stunden nach Beginn des Keimens der höchste Vitamingehalt erreicht. Keimlinge liefern große Mengen an Vitamin C, außerdem enthalten sie Vitamine des B-Komplexes sowie viel Vitamin A und E. Da den Keimlingen die Schleim bildenden Eigenschaften vieler Gemüsesorten fehlen, rufen sie auch keinerlei Blähungen hervor. Somit bieten sie eine hervorragende Alternative zu vielen Gemüsesorten oder Kohlsorten, die zuvor gedünstet werden müssten und so nicht unmittelbar zu einer naturnahen Ernährung zählen.

Hühnereier

Eier sind in doppelter Hinsicht für unsere Samtpfoten von Bedeutung. Zum einen sind sie eine reichhaltige Vitamin- und Mineralienquelle, zum anderen können wir ihre Schale wunderbar als Ergänzungsmittel verwenden, solange das Ei nicht darin gekocht wurde. Während die Hundefreunde als natürlichen Kalziumlieferanten von Kalzium Knochen füttern können, gestaltet sich dies bei so mancher Katze recht schwierig. Da kommt uns die Eierschale gerade recht, denn die gemahlene oder pulverisierte Schale liefert natürliches Kalzium und hilft dadurch unter anderem, gesunde Knochen und ein starkes Gebiss aufzubauen.

Verwenden sollten Sie aber bitte nur absolut frische Eier, da sie sonst unverdaulich für die Katze werden. Es bedarf auch keiner großen Mengen, eine ganz kleine Prise als Zusatz reicht bereits aus. Im Übrigen sind Eier und ihre Schale ein Lebensmittel, die unsere Katze auch in der Wildnis zu sich nimmt. Und dies trotz der Behauptung einiger Menschen,

Sowohl das Ei selbst als auch seine (ungekochte!) Schale sind gute Futterzusätze, die der Katze regelmäßig gegeben werden können. (Foto: Hans)

dass das rohe Eiweiß schädlich sei. Diese Erfahrung konnte ich noch bei keinem Tier, das naturnah ernährt wurde, nachvollziehen, geschweige denn bestätigen. Ein Ei besteht nämlich nicht einfach nur aus Schale, Eigelb und Eiweiß. Auch hier gilt der Grundsatz: Die Summe ist mehr als das bloße Zusammenzählen einzelner Bestandteile. Trotz modernster Wissenschaft sind noch lange nicht alle Vital- und Nährstoffe bekannt und ganz besonders nicht deren Zusammenhänge.

Milch

Obwohl in der Natur nur die Jungtiere Muttermilch trinken und nach dem Absetzen nie mehr, finden Sie bei der Gestaltung der Futterration Milch als einen Bestandteil. Inwieweit sich dies mit einer naturnahen Ernährung deckt, ist leicht erklärt. Zum einen wird es nicht als ein Hauptbestandteil oder in großen Mengen offeriert, sondern vielmehr zur Entlastung einiger Katzenmütter. Zum anderen ist hier nicht einfach nur von Milch die Rede, sondern es ist darauf verwiesen worden, dass es sich um Ziegen- oder Schafsmilch, auf jeden Fall aber um Vorzugsmilch handeln sollte – also um ein naturbelassenes, unbehandeltes Lebensmittel. Pottengers Versuche bestätigen, dass diese Milch durchaus zur gesunden Ernährung beitragen kann. Und obwohl die Katze später nicht direkt Milch zu sich nimmt, gelangt doch zum Beispiel über das erbeutete Nagetier so manches Mal diese Komponente in ihren Organismus. Oder haben Sie schon einmal eine Maus gesehen, die noch schnell abstillt, kurz bevor sie erlegt wird? Daher ist es absolut in Ordnung, Milch als einen Futterbestandteil, zum Beispiel zum Einweichen von Getreide, mit aufzuführen und zu verwenden.

Honig

Ähnlich ist es mit dem Honig. Natürlich wird Honig in den seltensten Fällen tatsächlich über ein Beutetier mit aufgenommen. Trotzdem enthält er viele gesunde Bestandteile, die wir unserer Katze zum Beispiel als Stärkungsmittel nicht vorenthalten sollten. Anwendung sollte aber nur der naturbelassene Honig vom Imker oder aus

Mit Milch und Honig kann man die naturnahe Ernährung hervorragend ergänzen. (Foto: Schanz)

einem Reformhaus finden. Der industriell aufbereitete und häufig in Supermärkten angebotene Honig enthält absolut nichts Gesundes mehr. Der darin anzutreffende raffinierte Zucker, mit dem die Bienen zur Gewinnung höherer Erträge gefüttert werden, enthält keine Vitamine, benötigt aber beim Abbau im Organismus das Vitamin B1. Zudem wird die Darmflora unserer Katzen ungünstig beeinflusst, mit den möglichen Folgen von anhaltendem Durchfall und Erbrechen. Je nach Alter und Größe der Katze ist etwa ein viertel Teelöffel täglich empfehlenswert.

Baumrinden-Mischung®

Die Baumrinden-Mischung® fand in diesem Buch bereits mehrfach Erwähnung. Sie ist keine absolut notwenige, aber sehr nützliche Zugabe. Hauptbestandteil dieser Mischung ist die Rinde der amerikanischen Rotulme. Schon vor vielen Hunderten von Jahren verwendeten die dort einheimischen Indianer diese Rinde zum Beispiel als Brei für ihre Babys. Es handelt sich dabei um eine sehr nahrhafte Rinde mit vielen heilenden Eigenschaften. Da die amerikanische Rotulme unter Naturschutz steht, ist sie in unserer Region kaum aufzutreiben – und wenn doch, dann zu entsprechenden Preisen. Wenn man so eine Baumrindenmischung selbst herstellen möchte, dann tut es auch die Rinde der normalen Ulme. Allerdings wohnen ihr nicht so viele gesundheitsfördernde Wirkstoffe inne wie der Rotulme. Eine Mischung der normalen Ulmenrinde ist aber auch im Tierbedarfshandel erhältlich und häufig zu günstigeren Preisen, als man sie selbst herstellen könnte.

Die Baumrinden-Mischung® selbst erfüllt verschiedene Ansprüche. Zum einen eignet sie sich hervorragend zur Entwöhnung der Jungen – mit der Sicherheit, dass das Kätzchen auch wirklich alles bekommt, was es braucht. Zum anderen ist es gut bei Problemen im Magen-Darm-Trakt einsetzbar. Durch die Gerbstoffe in der Rinde entsteht eine Art Schutzschicht aus Schleim, die sich im Darm wohltuend ausbreitet. So schützt der Schleim diesen Bereich und wirkt gleichzeitig auf eventuell vorhandene Entzündungen ein.

Aufgrund der Zusammensetzung einer solchen Mischung sind außerdem viele Mineralstoffe und Spurenelemente enthalten.

Seetang-Mischung®

Reich an Vitaminen, Mineralstoffen und Spurenelementen ist auch die genannte Seetang-Mischung®. Ob man es glaubt oder nicht: Dieses Nahrungsergänzungsmittel entspricht durchaus der natürlichen Ernährung unserer Katzen, auch wenn sie nicht selbst in das Meer gehen, um den Seetang zu holen. Die wilden Katzen nehmen Seetang zum Beispiel über ihren gefangenen Fisch auf oder auch den Seetang, der an den Strand gespült wurde. Somit darf er bei einer naturnahen Ernährung durchaus zum Einsatz kommen, ohne dem Grundprinzip der Ernährung zu widersprechen.

Kräuter

Kräuter sind ein absolutes Muss in der naturnahen Ernährung für Katzen. Nicht nur vorverdaut über ihre Beutetiere, sondern auch pur nehmen sie regelmäßig Kräuter zu sich. Die von uns verabreichten Kräuter sollten sehr stark zerkleinert, am besten sogar püriert werden. Kräuter liefern unterschiedliche Vitamine, Mineralstoffe und Spurenelemente. Zudem stecken in ihnen auch viele

Viele Katzen lieben Kräuter und bedienen sich sogar zum Teil selbstständig. (Foto: Schanz)

heilende Eigenschaften. So können sie gezielt beispielsweise bei Erkältungskrankheiten oder Magen-Darm-Problemen zum Einsatz kommen. Welche Kräuter bei welchen Beschwerden von Nutzen sind, finden Sie in meinem Buch „Kräuterbuch für Katzen“ (Cadmos Verlag).

Verwenden können Sie problemlos zum Beispiel Petersilie, Kresse, Basilikum oder Katzenminze. Letztere sollten Sie Ihrem Stubentiger auch so immer zur Verfügung stellen, beispielsweise in einem kleinen Saatschälchen. Katzen lieben dieses Kraut über alles, und das nicht nur zum Fressen. Gern wälzen sie sich auch mal darin. So überdecken sie ihren eigenen Geruch und können sich näher an ihre Beute heranschleichen. Ich selbst konnte die Erfahrung machen, dass Katzen, die sich zwischen dem herkömmlichen Katzengras und der Katzenminze entscheiden sollten, stets der Minze den Vorzug gaben. Vielleicht gehört Ihre Katze ja auch dazu.

Trinkwasser

Obwohl die Katze über das Fleisch bereits Flüssigkeit zu sich nimmt, ersetzt dies selbstverständlich nicht das frische Trinkwasser. Wasser sollte Ihrem Stubentiger Tag und Nacht zur Verfügung stehen. Einige Katzen bevorzugen sogar mehrere Trinkschälchen an unterschiedlichen Stellen. Dies ist nicht zwingend notwendig, aber auch kein Problem. Problematisch wird es allerdings, wenn Ihre Katze keinen der Standorte für die Schale Wasser annimmt. In diesen Fällen hat es so manchem Katzenbesitzer geholfen, in die Schale mit dem Wasser einen Rauchquarz zu legen – bitte aber so groß, dass er nicht verschluckt werden kann. Unsere Katzen sind sehr feinsinnige Geschöpfe. Offenbar trinken sie nach der Zugabe des Rauchquarzes das gleiche Wasser an der gleichen Stelle, wo sie es zuvor verschmäht haben. Eine Erklärung dafür mag sein, dass Edelsteine energetisiert sind. Die Beigabe scheint dem Wasser eine andere Schwingungsfrequenz zu verschaffen und somit unserem Stubentiger ein gutes Gefühl, es zu sich zu nehmen.

Vom Umgang mit der rohen Nahrung

Vielleicht mag sich nun der eine oder andere Katzenfreund unter Ihnen fragen, wie es denn mit möglichen Bakterien und Parasiten im rohen Fleisch aussieht. Selbstverständlich sollte man auf einige Maßnahmen bezüglich der Frische und Hygiene achten. Dazu gehört:

- Die Frische des Fleisches muss gewährleistet sein. Sicherer ist man also dort, wo die Ware schnell umgesetzt wird.
- Ware, die längere Zeit liegt und somit „fast" überlagert ist, grundsätzlich liegen lassen, auch wenn sie preisgünstiger ist. Unsere Katze frisst ihr Beutetier immer gleich nach dem Erlegen und ist somit kein Aasfresser, wie es bei Hunden vorkommt. Wenn das Fleisch nicht frisch ist, wird Ihre Katze es nicht fressen.
- Während des Transports die Kühlkette nicht unterbrechen. Vom Einkauf also direkt nach

Bei gesunder Ernährung ist der Katzenorganismus problemlos in der Lage, Parasiten abzuwehren. (Foto: Schanz)

Hause und in den Kühlschrank oder Gefriertruhe legen.

- Zubereitetes Futter nie den ganzen Tag stehen lassen. Besser nach circa 15 Minuten die Reste entfernen und unter Umständen im Kühlschrank für die nächste Mahlzeit aufbewahren.

Wenn Sie diese Grundsätze beherzigen, dann werden keine Bakterien und Parasiten Ihren vierbeinigen Schützling befallen, die ihm gefährlich werden könnten. Die Gefahr, durch selbst zubereitetes Futter die Katze mit bedeutsamen Parasitenstämmen zu infizieren, ist absolut gering. Eine natürlich ernährte Katze ist so gesund, dass sie Parasiten gut abwehren kann. Häufiger infizieren sich unsere Katzen im Übrigen durch das Verschlucken von Läusen und Larven oder durch die Mäusejagd. Durch das Fressen der Beutetiere können sich unsere Tiere so zum Beispiel mit den darin vorhandenen Bandwurmlarven anstecken. Diese können auch von der Muttermilch an das Jungtier weitergegeben werden.

Je frischer, desto besser – das gilt natürlich immer beim Umgang mit rohem Fleisch. (Foto: Hans)

Da die Angst bezüglich der Bakterien aber auch immer wieder von verschiedenen Seiten her geschürt wird, möchte ich gern ein paar Sätze dazu schreiben. Die Bakterien gehören in den Bereich der Mikroben und sie gehören eher in die Kategorie Gesundheitserreger als Krankheitserreger. Dazu brauchen Sie sich nur noch einmal dem Kapitel über den Dickdarm (Seite 24) widmen. Komplett ohne Bakterien wäre ein Leben gar nicht möglich. Die Entscheidung darüber, ob ein Bakterium zum Krankheitserreger wird oder nicht, trifft die gesundheitliche und seelische Verfassung eines jeden Lebewesens. Und dazu zählt neben der artgerechten Haltung eben auch die artgerechte Ernährung.

Welche Nährstoffe braucht meine Katze?

Allein meine Beteuerung, dass Ihre Katze mit selbst zubereitetem Futter alles bekommt, was sie braucht, wird manchem Leser dieses Buches nicht ausreichen. Das ist auch absolut in Ordnung so. Deswegen soll an dieser Stelle noch einmal genauer auf den Nährstoffbedarf der Katze eingegangen werden.

Proteine

Proteine sind Eiweiße tierischer oder pflanzlicher Herkunft. Kleinste Einheit der Proteine sind die Aminosäuren. Einige kann der Katzenorganismus nicht selbst herstellen, sie müssen deswegen über die Nahrung zugeführt werden. Da diese Aminosäuren lebensnotwendig sind, werden sie auch „essenziell" genannt. Eiweiß ist wichtig für den Aufbau von Körperflüssigkeit und Gewebe. Zudem verleiht es ein schönes Fell und gesunde Haut. Es beugt Durchfällen vor und macht die Katze widerstandsfähiger gegenüber Parasiten. Hochwertiges Eiweiß und damit die wichtigen Aminosäuren bekommt unsere Katze durch das

Mit glänzendem Fell aktiv auf Achse – damit dies so ist, benötigt die Katze vor allem ungesättigte Fettsäuren. (Foto: Schanz)

Fleisch. Getreide ist ebenfalls ein Proteinlieferant. Aber, wie schon mehrfach betont, ist dies nicht so hochwertig und für die Katze aus diesem Grund auch nicht so gut verwertbar.

Kohlenhydrate

Kohlenhydrate sind meist pflanzlichen Ursprungs und werden im Katzenorganismus vorwiegend zur Energiegewinnung genutzt. Die Katze kann jedoch aufgrund ihrer Darmenzyme, die nur eingeschränkt Kohlenhydrate verwerten können, diese auch nur begrenzt vertragen. Diese Komponente wird über das Getreide zugeführt.

Fettsäuren

Bei den Fettsäuren werden „gesättigte" und „ungesättigte" unterschieden. Sie sind für unsere Katzen lebensnotwendig. Die gesättigten Fettsäuren haben keine bedeutende gesundheitsfördernde Wirkung auf den Körper des Tieres. Anders sieht es bei den ungesättigten Fettsäuren aus, weshalb hier auf einen hohen Anteil zu achten ist. Am wichtigsten für unsere Katze ist davon die Linolsäure. Diese kommt in pflanzlichen Fetten häufiger als in tierischen vor. Damit erklärt sich die Zugabe kalt gepresster, pflanzlicher Öle. Während die gesättigten Fettsäuren der Energiegewinnung dienen, sorgen die ungesättigten für gesundes Fell und schuppenfreie, gesunde Haut.

Ballaststoffe

Ballast- oder Faserstoffe sind in gewisser Menge für eine gesunde Verdauung erforderlich. Sie verbessern die Darmpassage des Futters, vermindern Durchfälle und Blähungen und sorgen für den Abtransport von Schadstoffen aus dem Körper.

Das richtige Mengenverhältnis der Spurenelemente zueinander ist für die Katzengesundheit ebenso wichtig wie die angemessene Versorgung mit Nährstoffen – bei naturnaher Ernährung kein Problem. (Foto: Schanz)

Ballast- beziehungsweise Faserstoffe sind in Gemüse und Getreide enthalten.

Mineralien und Spurenelemente

Mineralien und Spurenelemente sind für den gesamten Organismus von Bedeutung:

- **Eisen** ist ein wichtiges Mineral, das im Körper den Energiestoffwechsel mitbestimmt. Zudem ist es ein Bestandteil des Blutfarbstoffes Hämoglobin und auch für die Atmung nötig. Eisen ist in Eiern, Fleisch, Getreide und Gemüse enthalten.
- **Jod** ist ein Spurenelement, wird also nur in geringen Mengen benötigt. Wichtig ist es für die Funktion der Schilddrüse. Verabreicht wird es über Gemüse, Fisch oder Seetang-Mischung® beziehungsweise Algenprodukte.
- **Kalium** ist als Mineral wichtig für den Wasserhaushalt. Zudem ist es an der Übermittlung von Nervenimpulsen beteiligt und dient der Enzymaktivierung. Kalium wird unserer Katze über das Fleisch zugeführt.
- **Kalzium** ist als Mineralstoff am Aufbau von Knochen und Zähnen beteiligt. Zudem ist es wichtig für die Reizleitung im Nervensystem und für die Blutgerinnung. Wichtiger Lieferant für dieses Mineral sind Knochen. Da es sich bei der Katze zum Teil schwierig gestaltet, Knochen zu verfüttern, sind eine hervorragende Alternative dazu Eierschalen oder auch Muschelkalk. Kalzium und Phosphor sollten in einem idealen Verhältnis von 1,1 bis 1,2 (Kalzium) zu 1 (Phosphor) verabreicht werden.
- **Kupfer** ist ein Spurenelement und für den Eisenaufbau im Körper unentbehrlich. Aber es ist auch ein wichtiger Bestandteil des Blutfarbstoffes und genauso wichtig für das Immunsystem und die Knochenbildung. Durch die Fütterung mit Fleisch erhält unsere Katze dieses Element.
- **Magnesium** wird als Mineralstoff über Getreide und Gemüse dem Organismus der Katze zur Verfügung gestellt. Es wird für den Aufbau von

Knochen und Zähnen benötigt und ist ein Bestandteil vieler Enzyme.

- **Mangan** wird als Spurenelement für die Knochenbildung benötigt. Es kommt in Fleisch und Getreide vor.
- **Phosphor** gehört zur Gruppe der Mineralstoffe und spielt eine wichtige Rolle im Stoffwechsel. Auch für die Knochen- und Zahnbildung wird es benötigt. Das ideale Verhältnis zwischen Phosphor und Kalzium liegt bei 1 zu 1,1 bis 1,2. Phosphor kommt in Fleisch (und auch Knochen) in ausreichendem Maße vor.
- **Selen** wirkt auf die Bereiche Zellschutz, Immunsystem und Schilddrüse. Zudem unterstützt es die Funktion von Vitamin E. Dieses Spurenelement erhält unsere Katze durch die Verfütterung von Fleisch, Fisch und Getreide.
- **Zink** ist ein Spurenelement und wird für das Immunsystem sowie für den Zucker- und Hormonhaushalt benötigt. Über Fleisch und Getreide wird unsere Katze damit versorgt.

Vitamine werden in „fettlöslich" und „wasserlöslich" unterschieden. Obwohl sie lebensnotwendig sind, kann eine Überdosierung auch Schaden anrichten. Das gilt besonders für die Vitamine A und D, die in Maßen dosiert werden müssen. Wenn Sie sich an der Gestaltung der Futterrationen orientieren, besteht jedoch keine Gefahr einer Überdosierung. Allgemein kann man außerdem festhalten, dass die wasserlöslichen Vitamine nicht überdosiert werden können, da ein Zuviel davon ausgeschieden wird. Die Unterteilung der Vitamine sagt bereits viel über deren Handhabung aus. So ist bei den wasserlöslichen Vitaminen (B-Komplex und C) beim Waschen oder Putzen von Gemüse daran zu denken, dass bereits dadurch ein Teil der Vitamine herausgelöst wird. Die fettlöslichen Vitamine (A, D, E und K) brauchen Fett, um dem Organismus zur Verfügung gestellt werden zu können. In einem gewissen Maße ist dieses Fett bereits im Fleisch enthalten. Durch die Zugabe von Ölen (die zum Teil ja auch noch selbst Vitamine enthalten) gibt es aber auch bei magerem Fleisch keine Probleme.

Vitamine

- **Vitamin A** gehört zu den fettlöslichen Vitaminen. Es steigert die Abwehrkräfte, beugt Augen- und Darmerkrankungen vor, wirkt auf Haut- und Schleimhäute und ist wichtig für das Wachstum. Eine Überdosierung dieses Vitamins führt zu Haarausfall, Erbrechen und schmerzhaften Schwellungen an der Knochenhaut. Durch die Verfütterung von Möhren oder Löwenzahn versorgen wir die Katze mit dem richtigen Mengenverhältnis. Aber auch in Fisch und Leber ist viel Vitamin A zu finden. Auch zur Vermeidung einer Überversorgung mit Vitamin A sollte Leber nicht zu oft verfüttert werden.
- **Vitamin B-Komplex** bezeichnet die Zusammenfassung verschiedener „Untervitamine", die alle wasserlöslich sind. Dazu gehören: Vitamin B1 (Thiamin), das für den Kohlenhydratstoffwechsel und die Nerven benötigt wird; Vitamin B 2 (Riboflavin), zuständig für den Fett-, Kohlenhydrat- und Eiweißstoffwechsel sowie gesunde Haut und Schleimhäute; Vitamin B 3 (Niacin), auch für den Kohlenhydrat und Fettstoffwechsel zuständig; Vitamin B 6 (Pyridoxin) wird benötigt für den Eiweißstoffwechsel und das Nervensystem. Diese Gruppe der B-Vitamine finden wir

Fisch ist unter anderem reich an Vitamin A, das allerdings nicht überdosiert werden darf. (Foto: Hans)

hauptsächlich in Fleisch, Leber und Eier, aber auch in Getreide und Hefe.

- Die **Folsäure** gehört ebenfalls zu den B-Vitaminen und ist für die Bildung der roten und weißen Blutkörperchen und zur Zellgeneration notwendig. In ausreichender Menge wird es unserer Katze über die Fütterung grüner Pflanzen zur Verfügung gestellt. Außerdem ist Folsäure in Leber und Hefe enthalten.
- **Vitamin C** gehört zu den wasserlöslichen Vitaminen. Im Gegensatz zum Menschen können unsere Katzen es selbst im Körper herstellen, weshalb eine Zufütterung meistens nicht notwendig ist. Da Vitamin C das Abwehrsystem und das Bindegewebe särkt, schadet eine zusätzliche Gabe aber auch nicht. Frisches Obst und Gemüse sind gute Vitamin C-Lieferanten. Besonders den Kiwis wird ein hoher Gehalt nachgesagt. Ob dies den Geschmack Ihrer Katze trifft, müssen Sie aber selbst mit ihr ausdiskutieren.
- **Vitamin D** gehört wieder in den Bereich der fettlöslichen Vitamine und ist wichtig für die Knochenbildung, die Mineralisierung der Zähne und für die Aufnahme von Kalzium in den Körper. Im Sommer, bei hoher Sonnenintensität, wird es vom Körper selbst produziert, eine Zufütterung ist nur in kleinem Maße notwendig. Im Winter sollte jedoch auf eine ausreichende Zufuhr über die Nahrung geachtet werden. In hohen Dosen ist es in Eigelb und Leber enthalten. Etwas weniger findet sich in Fischen wie Lachs, Hering, Aal oder Makrele. Bitte von diesen Lebensmitteln auch im Winter nicht zu viel oder zu häufig füttern, denn eine Überdosierung kann schwere Gesundheitsschäden wie zum Beispiel Knochenerweichung zur Folge haben.
- **Vitamin E** ist als fettlösliches Vitamin für den Zellschutz zuständig. Es stoppt die sogenannten „freien Radikale“. Freie Radikale sind Teile von Molekülen, an deren Bruchstelle sich ein Atom befindet mit einem sogenannten ungepaarten Elektron. Diese freien, also ungebundenen Radikale versetzen biologisches Gewebe in sogenannten oxidativen Stress und können es zerstören, indem sie als Urheber eine Kettenreaktion auslösen. Einfacher erklärt: Sie sind unter anderem für die Falten in unseren Gesichtern zuständig. Nun haben Katzen selten Probleme mit Gesichtsfalten. Aber auch sie benötigen dieses Vitamin zum Beispiel zur Vorbeugung von Bindegewebsschwächen und

Hautproblemen. Für junge Kätzchen ist Vitamin E für eine störungsfreie Entwicklung notwendig. Deswegen führen wir es unserem Stubentiger über kalt gepresste Pflanzenöle oder Weizenkeime zu.

- **Biotin** (Vitamin H) ist wichtig für Haut, Fell und Krallen. Über Leber oder Weizenkeime können wir unsere Katze damit versorgen.
- **Vitamin K** wird sowohl für die Blutgerinnung als auch für die Knochenbildung benötigt. Es gehört zu den fettlöslichen Vitaminen und ist in Salaten und anderem Blattgemüse enthalten.
- **Panthothensäure** ist für den Fett-, Eiweiß- und Kohlenhydratstoffwechsel von Bedeutung. Neben Kalb- und Rindfleisch stehen auch Fisch und Vollkornprodukte als Lieferant zur Verfügung.

Anhand dieser Auflistung können Sie zweierlei feststellen. Erstens: Ihre Katze bekommt mit einer naturnahen Ernährung wirklich alle Vitalstoffe. Und zweitens: Als Lieferant vieler Nährstoffe treffen Sie immer wieder auf das Fleisch. Aus diesem Grund steht es bei einer naturnahen Ernährung für Katzen auch an oberster Stelle und ist durch nichts anderes zu ersetzen. Aber Sie konnten auch bemerken, dass viele Nährstoffe mehrere Funktionen übernehmen und mit anderen wiederum ineinandergreifen. Auch hier kann man nicht ein einziges Vitamin, Mineral oder Spurenelement herausgreifen. Viele dieser Stoffe sind voneinander „abhängig“ und bilden somit einen symbiotischen Kreislauf. Wie unsere Katze mit der artgerechten Ernährung.

Vitamin D benötigt die Katze unter anderem für stabile Knochen und gesunde Zähne – also vom Lebensanfang an. (Foto: Schanz)

Die Ausstattung

Wie Sie bereits bemerkt haben dürften, ist die Anschaffung des einen oder anderen Arbeitsutensils sinnvoll, falls nicht schon in der Küche vorhanden. Um Gemüse und Salat mixen oder pürieren zu können, sollten Sie eine Küchenmaschine mit diesen Funktionen erwerben. Das Schneidewerk sollte kräftig genug sein, um beispielsweise ganze Möhren zu zerkleinern. Alternativ dazu eignen sich auch Geräte mit unterschiedlichen Reibeaufsätzen. Da Sie dieses Gerät für die naturnahe Ernährung täglich in Gebrauch haben, sollten Sie auf eine einfache und schnelle Reinigung achten. Je nach Maschine und Funktion gestalten sich auch die Preise in der Anschaffung. Bevor Sie also in einem Elektrofachhandel ein solches Gerät erwerben, überlegen Sie genau, welchen Ansprüchen es genügen muss. Vergessen Sie dabei nicht die Funktionen, die diese Küchenmaschine eventuell für Ihren eigenen Gebrauch erfüllen kann. Wenn Sie beispielsweise gern einen Milchshake trinken oder öfter Kuchen backen, dann wäre es doch schön, wenn Ihre neue Küchenmaschine auch diese Arbeiten übernehmen könnte.

Zum Zermahlen von ganzen Getreidekörnern, aber auch zum Zerstoßen von Kräutern eignet sich hervorragend eine Porzellanschale mit Mörser.

Diese Kombination gibt es in fast jeder Apotheke zu kaufen.

Um große Fleischstücke, Fisch, Obst oder Gemüse zu zerkleinern, sollten Sie einige scharfe Messer im Haus haben. Und, um die Arbeitsplatte Ihrer Küche zu schonen, selbstverständlich auch ein großes Brett. Ein Holzbrett ist in der Regel einem Plastikbrett vorzuziehen. In beiden Brettern können sich in den Schnittrillen Bakterien ansammeln, bei einem Brett aus Holz kann man dem jedoch durch regelmäßiges Abschleifen begegnen. Diese Möglichkeit bietet das gleiche Utensil aus Plastik nicht.

Obwohl diverse Tierbedarfshandlungen bereits tiefgefrorenes und somit auch gut portionierbares Fleisch anbieten, möchten vielleicht einige Katzenbetreuer unter Ihnen einen eigenen Vorrat aus frisch gekauftem Fleisch und Fisch anlegen. Dazu können Sie entweder Tiefkühldosen verwenden, die auch für die Reinigung in der Spülmaschine geeignet sind, oder Gefrierbeutel. Während man die Gefrierbeutel häufig platzsparender in die Gefriertruhe einordnen kann, sind die Plastikdosen umweltfreundlicher. Der Inhalt eines Gefrierbeutels lässt sich wiederum häufig besser in einem Wasserbad auftauen als in einem Döschen. Somit entscheidet letztendlich Ihre eigene Vorliebe über den Einsatz von Dosen oder Beuteln. Auch Kräuter- oder Gemüseportionen lassen sich leicht in speziellen Beuteln oder Dosen für Eiswürfel bevorraten. Leider gibt es zu den Plastikvarianten kaum natürliche Alternativen – es sei denn, Sie kaufen die Futterkomponenten täglich frisch ein und verfüttern sie gleich, was auch nicht sonderlich ökologisch ist.

Eigentlich bin ich kein Freund von Plastikartikeln. Diesen Produkten sind stets sogenannte Weichmacher beigefügt. Nach neueren wissenschaftlichen und medizinischen Untersuchungen sind diese Weichmacher eine Mitursache für die wachsende Kinderlosigkeit bei Männern und Frauen. Wenn Sie also gefriergeeignete Porzellan- oder Keramikschalen besitzen, dann geben Sie diesen den Vorzug. Bedenken Sie diesen Aspekt doch bitte auch bei der Auswahl der Futter- und Trinknäpfe für Ihre Samtpfote.

Ein Mixer genügt in vielen Fällen – doch eine Küchenmaschine können Sie natürlich auch für den eigenen Bedarf noch vielfältig nutzen. (Foto: Hans)

Um auch wirklich den letzten Rest aus dem Küchenmixer oder den Vorratsdosen herauszubekommen, ist es sinnvoll, einen Teigschaber einzusetzen. Damit gelangt man auch in die kleinsten Ecken und kann sicher sein, dass nicht vielleicht doch noch ein paar Gramm unserer Tagesration darin verloren gehen.

Zum Abmessen der einzelnen Futterbestandteile benötigen Sie eine Waage. Wie Sie bei der Berechnung der Futtermenge vielleicht schon gesehen haben, können bei Ihrer Katze durchaus auch „krumme" Werte gemessen werden. Achten Sie also darauf, dass Ihre Waage nicht nur in Fünf-Gramm-Schritten misst. Am besten geeignet ist eine Digitalwaage, die auch noch den Wert hinter dem Komma anzeigt. Auch hier sollten Sie auf eine einfache Reinigung achten, da beim Abwiegen auch mal etwas danebengehen kann. Es wäre doch ärgerlich, wenn die Waage zwar ein schönes Design aufweist, ihre Reinigung jedoch unnütze Zeit in Anspruch nimmt. Weniger effektiv sind aus diesem Grund zum Beispiel auch Waagen, die man an der Wand fest installieren kann.

Falls Sie noch keine Gefriertruhe oder einen Gefrierschrank besitzen, sollten Sie beim Kauf auf einen geringen Stromverbrauch achten. Empfehlenswert sind Geräte mit der Bezeichnung „Energieeffizienz A". Da man solch ein Gerät auch für die Bevorratung eigener Lebensmittel gebrauchen kann, macht eine Truhe vielleicht

Kunststoffdosen eignen sich gut, um vorbereitete Portionen einzufrieren. (Foto: Hans)

Ein wenig Grundausstattung, und schon kann die Zubereitung der Katzenmahlzeit losgehen. (Foto: Schanz)

mehr Sinn. Zum einen hat sie ein größeres Fassungsvermögen und zum anderen verbraucht sie meist weniger Strom als ein Schrank.

Sollten Sie in einer Mietwohnung leben und planen, das Gerät in den Keller zu stellen, dann vergewissern Sie sich, dass der Strom auch nur von Ihnen bezahlt wird. In einigen Miethäusern wird auch heute noch der Stromverbrauch im Keller von der Wohngemeinschaft gezahlt. Ich selbst durfte einmal diese unliebsame Erfahrung machen. Also lieber den Vermieter über das neue Gerät informieren und so unnötigem Ärger aus dem Weg gehen.

Mit dieser Ausstattung sollte es Ihnen leichtfallen, schnell die Routine bei der Zusammenstellung der naturnahen Ernährung für Ihre Katze zu erlangen. Bitte verwenden Sie beim Auftauen der Futterrationen keine Mikrowelle! Anders als bei der Erhitzung werden die Moleküle der Nahrung durch die Mikrowellenbestrahlung regelrecht „durchgeschüttelt". Die Energie und Lebendigkeit der so sorgsam geplanten gesunden Ernährung wird dadurch zerstört. Unsere ganze Bemühung und Arbeit wäre somit umsonst. Lieber alle Bestandteile am Abend zuvor herausholen oder in einem Wasserbad auftauen lassen.

Tipps und Tricks für die Umstellung

Erfahrungsgemäß akzeptieren die meisten Katzen das neue Futter recht unproblematisch. „Die meisten“ bedeutet aber auch, dass es Ausnahmen gibt. Und um diese Tiere soll es in diesem Kapitel gehen. So wird die naturnahe Ernährung bei einer jungen Katze, die von Beginn an daran gewöhnt wurde, auch im (fortgeschrittenen) Alter keine Probleme bereiten. Auch Tiere, die draußen regelmäßig Beute jagen und fressen, zeigen keine Probleme bei der Umstellung, da sie mit der rohen Nahrung vertraut sind. Genauso gut funktioniert die Umstellung in der Regel bei erwachsenen und älteren Katzen, die bis dahin einen abwechslungsreichen Speiseplan mit Trockenfutter und Dosennahrung bekommen haben.

Sollte es bei diesen Samtpfoten zu Problemen mit der Akzeptanz der neuen Nahrung kommen, helfen häufig ein paar kleine Tricks, um dem zu begegnen. Dazu wird die rohe Kost einfach zu Beginn püriert angeboten. Diese Konsistenz imitiert die des Dosenfutters und reicht in den meisten Fällen bereits aus, damit das natürliche Futter gefressen wird. Nach einiger Zeit können die Fleischbrocken immer etwas größer gelassen werden und werden dann auch gut angenommen. Schwieriger wird es bei den Tieren, die nie selbst Beute erlegt und gefressen haben oder denen Tag und Nacht Fertigfutter zur Verfügung stand, ohne dass es Fütterungszeiten gab, und auch bei denjenigen Katzen, die bis dato sehr einseitig verköstigt wurden. Die Katze ist ein Individualist und Gewohnheitstier. Wenn sie also über Jahre hinweg immer ein spezielles Fertigfutter erhalten hat, dann bestimmt dies ihre Fressgewohnheit. Unter diesen Umständen kann sich eine Umstellung schwierig gestalten. Doch mit viel Liebe, Geduld, Erfindungsreichtum, Konsequenz und Ausdauer konnte bis jetzt noch beinahe jede Katze mit der neuen Kost vertraut gemacht werden.

Hervorheben muss man an dieser Stelle allerdings besonders die Geduld. Es soll nicht verschwiegen werden, dass eine Umstellung auf rohe Kost teilweise Wochen oder gar Monate dauern kann. Und wie erfolgreich und schnell der Austausch des Futters erfolgen kann, entscheiden nicht zuletzt auch Sie selbst mit. Denn Sie als Tierhalter sollten ganz und gar hinter dieser Ernährungsform stehen. Wenn sich bei Ihnen auch nur der geringste Zweifel auftut, empfängt Ihre Katze diese negativen Gedanken, verbündet sich auf diese Weise mit Ihnen und lehnt die rohe Kost ab.

Katzen sind Gewohnheitstiere – gönnen Sie sich und Ihrer Katze deshalb Zeit für die Gewöhnung an die neue Fütterung. (Foto: Schanz)

Zudem werden Sie bei eigenen Zweifeln viel schneller den Versuch der Umstellung aufgeben und so dieses Projekt im Vorfeld zum Scheitern verurteilen. Also unternehmen Sie bitte keine halbherzigen Versuche. Füttern Sie Ihre Katze naturnah, wenn Sie dahinterstehen, und lassen Sie es bleiben, wenn nicht. Ihre Meinung kann sich ja zu einem späteren Zeitpunkt vielleicht noch ändern.

Doch nun wollen wir uns den verschiedenen Situationen der Umstellung widmen: Bei einem Jungtier können Sie, wie bereits erwähnt, ohne Probleme gleich die naturnahe Ernährung wählen. Bei Mäusejägern und bis dahin abwechslungsreich ernährten Katzen können Sie auch gleich den Versuch unternehmen, komplett die neue Kost anzubieten.

Wird sie nicht angenommen, haben Sie zwei Möglichkeiten: Entweder pürieren Sie das Futter, damit es der Konsistenz eines Dosenfutters entspricht. Oder Sie bieten zwischendurch immer mal wieder Fleischstücke an und probieren so auch verschiedene Sorten aus. Da das Fertigfutter viel geruchs- und geschmacksintensiver als rohe Kost ist, bedarf es vielleicht manchmal eines kleinen Anreizes. So können wohlriechende Kräuter wie die Katzenminze das Interesse Ihrer Katze wecken, doch mal zu probieren. Zu stark duftende Kräuter, wie zum Beispiel Rosmarin, machen dagegen eher noch misstrauischer. Helfen könnte auch, anstelle des Fleisches leicht gedünsteten Fisch anzubieten.

Und wenn auch das Ihre Katze nicht überzeugen sollte, dann könnte man zur „Überlistung" mit Thunfisch übergehen. Dazu wird über die rohe Kost etwa ein Teelöffel Thunfisch gegeben beziehungsweise untergemengt. Verwenden Sie dazu bitte nur Thunfisch im eigenen Saft und Aufguss. Thunfisch in Speiseöl könnte auch bei geringem Anteil an Öl zu Durchfall führen, wenn Ihre Katze diese Beigabe noch nicht gewöhnt ist. Auch sollten Sie beim Kauf von Thunfisch auf das Zeichen auf der Verpackung achten, das darauf hinweist, dass durch den Fang keine Delfine ums Leben gekommen sind. Die Dosis Thunfisch reduzieren Sie bitte alle zwei Tage, sodass nach etwa einer Woche nur noch die rohe Kost angeboten wird. Diese Maßnahme können Sie auch bei anderen Futterindividualisten anwenden.

Sollten auch diese Dinge bei Ihrer Katze versagen, dann muss man zu einem Kompromiss bereit sein. Bezüglich der Geruchs- und Geschmacksintensität liegt das Fertigfutter vor dem der frischen Kost. Also ist es notwendig, den Instinkt der Katze für eine natürliche Kost wieder zu wecken. Dies kann man erreichen, indem man das Lieblingsfutter mit dem Rohfutter mischt. Dazu erhält unser Schützling für zwei bis drei Tage einen Teil der Naturkost und drei Teile des üblichen Futters. Die folgenden drei Tage dann das Futter zu gleichen Teilen gemischt anbieten und in den nächsten drei Tagen nur noch ein Teil Fertigfutter und drei Teile Naturkost. Von beiden Futterarten bitte jeweils nur die Hälfte der errechneten beziehungsweise empfohlenen Menge zweimal täglich verwenden. Nach dieser Zeit wird dann das Rohfutter pur angeboten.

Bei allen diesen Möglichkeiten der Umstellung sollte Ihre Katze an bestimmte Fütterungszeiten gewöhnt sein. Wenn Sie Ihrem Tier bisher Tag und Nacht Futter bereitgestellt haben, sollte hier zuerst eine Korrektur erfolgen. Dazu ist es sinnvoll, der Katze zunächst drei bis vier

Mahlzeiten zu festen Tageszeiten anzubieten. Damit sich Ihre Katze an diese Fütterungszeiten gewöhnt, ist es wichtig, dass Sie ihr nichts zwischendurch geben. Und es ist auch nicht schlimm, wenn Sie an einigen Tagen anstelle von vier Mahlzeiten nur drei anbieten. Danach können Sie alle hier genannten Umstellungsmöglichkeiten anwenden.

Wenn sich bei Ihnen eine neue Katze einleben soll, ist es ratsam, zunächst das alte Futter weiter zu geben. Die Eingewöhnung in ein neues Zuhause ist schon stressig genug für das Tier, da käme zusätzlich eine zeitgleiche Futterumstellung ungelegen. Wenn sich Ihr neues Familienmitglied eingelebt hat, können Sie mit der Umstellung beginnen. Bitte richten Sie sich bei jeder Katze, egal wie alt sie ist oder wie sie bisher gefüttert wurde, immer individuell nach dem Tempo Ihrer Samtpfote. Wird eine Stufe der Umstellung von dem Stubentiger nicht angenommen, ist es notwendig, zu dem vorherigen Schritt zurückzukehren. Das Futter sollte nicht zu kühl dargereicht werden, sondern Zimmertemperatur beziehungsweise Köpertemperatur haben. Von den Katzen wird das gut temperierte Futter lieber angenommen als zu kühles. Letztendlich entspricht ein angewärmtes Futter auch der Temperatur eines selbst erlegten Beutetieres. Dazu eignet sich neben dem Wasserbad auch die Beigabe von warmem Wasser.

Hühnerhälse oder -flügel sind für den Beginn der Umstellung nicht unbedingt geeignet, sie werden am besten zunächst klein gemixt mit angeboten. Auch die Innereien gehören nicht von Anfang an zu den Favoriten unserer Katzen. Aus diesem Grund ist es gut, sie anfänglich nur in

Vielleicht liebt Ihre Katze Honig? Dann können Sie ihr damit den Appetit auf das neue Futter ein wenig versüßen. (Foto: Hans)

geringen Mengen und ganz klein geschnitten dem rohen Fleisch beizugeben. Absolut nicht empfehlenswert ist das Zwangsfüttern oder -fasten. Bei längerem Fasten können ältere oder übergewichtige Tiere gesundheitliche Schäden davontragen, zum Beispiel eine Fettleber entwickeln. Und für bereits kranke Tiere, etwa mit Diabetes, oder auch für tragende Katzen sieht es nicht anders aus. Deswegen sollten Sie Ihr Tier nicht länger als einen halben Tag fasten lassen. Und was das Verabreichen von Futter unter Zwang angeht, ist dies schlicht Tierquälerei. Oder wie würden Sie es finden, wenn Ihnen jemand nicht gewollte Nahrung mit dem Finger in den Mund stopft, anschließend diesen zuhält, damit Sie es nicht wieder ausspucken können, und zu guter Letzt auch noch über den Hals streicht, um den Schluckreflex auszulösen? Keine schöne Vorstellung, oder? Liebevoller ist mit Sicherheit das „gute Zureden" und, ob Sie es glauben oder nicht, auch sehr effektiv. Genauso wie Ihre Katze die „negativen" Gedanken auffängt, ist sie auch für die „guten" empfänglich. Sie dürfen es ruhig einmal versuchen und Ihre Katze verbal über die Vorteile und die Notwendigkeit der neuen naturnahen Ernährung aufklären. Wenn sie auch nicht gleich beim „ersten Gespräch" über das Futter herfällt, so schaden Sie ihr auch nicht, wenn Sie es auf diesem Wege weiter probieren.

Die Katzenernährung und ihre Irrtümer

Obwohl in den vorangegangenen Kapiteln ausführlich die Vorteile einer Naturkost und Nachteile von industriell gefertigtem Futter geschildert wurden, möchte ich diese Aspekte gern noch einmal gesondert anführen – vielleicht auch als eine Art Hilfestellung für diejenigen unter Ihnen, liebe Katzenfreunde, die immer noch am Zweifeln sind.

Es ist ein Irrtum, dass …

… man Ernährungsexperte sein muss, um Futter selbst herzustellen, und deswegen selbst zubereitetes Futter Mangelerscheinungen hervorruft!

So schwer ist es gar nicht: Um gesundes Futter selbst herzustellen, braucht man kein Ernährungsexperte zu sein! (Foto: Hans)

Die Ernährung unserer Katzen ist kein so großes Geheimnis, wie man uns weismachen will. Bitte überlegen Sie einmal, wer solche Thesen aufstellt und was damit beabsichtigt wird. Selbstverständlich braucht die Futtermittelindustrie eine Begründung dafür, warum wir für unser hart verdientes Geld ihr Produkt kaufen sollen. Da ist es hilfreich, den potenziellen Käufer mit solchen Aussagen zu locken und zu verängstigen.

Es ist ein Irrtum, dass …

… rohes Fleisch Parasiten und Bakterien enthält und Knochen nicht gefüttert werden dürfen, weil sie splittern!

Diese Meinung wird immer noch hartnäckig vertreten. Jedoch geben diejenigen, die diese Behauptungen aufstellen, selten einen plausiblen Grund dafür an. Wenn, dann werden höchstens Würmer und Salmonellen ins Spiel gebracht. Dass aber auch die natürlichen Beutetiere unserer Katze nicht steril sind, scheint kaum zu interessieren. Genauso wenig wie die Tatsache, dass auch, beziehungsweise sogar bevorzugt, diejenigen Tiere mit den Problemen behaftet sind, die mit Fertigfutter gefüttert werden. Tatsächlich ist es so, dass eine natürlich ernährte Katze mit verschiedenen Krankheitserregern weitaus besser zurechtkommt, da ihr Abwehrsystem gut funktioniert und ihr kurzer Darm eine schnelle Nahrungspassage gewährt, sodass beispielsweise Salmonellen kaum eine Chance haben, sich auszubreiten. Und mögliche Würmer werden sehr effektiv allein schon durch das Einfrieren abgetötet.

Wenn dies alles eine so große Gefahr darstellen würde, dann müssten sämtliche in freier Wildbahn lebende Katzen bereits ausgestorben sein. Das gleiche Schicksal hätten die wilden Katzen bereits erfahren, wenn die Aussage über die Fütterung von Knochen zutreffend wäre. Warum es ihnen bisher erspart blieb, liegt daran, dass die von ihnen gefressenen Knochen roh waren und sind. Solche Knochen sind relativ

Eine naturnah ernährte Katze ist in den allermeisten Fällen fit und gesund – während Katzen, die Fertigfutter erhalten, häufig und immer wieder mit Krankheiten zu tun haben. (Foto: Schanz)

weich, elastisch und splittern nicht. Ganz anders Knochen, die gekocht wurden. Hier ist die Warnung angebracht. Denn durch das Garen werden die Knochen entmineralisiert, somit spröde und neigen deswegen zum Splittern. Da bei einer naturnahen Ernährung jedoch niemals gekochte Knochen (oder andere gekochte Lebensmittel) verwendet werden, besteht auch keine Gefahr.

Es ist ein Irrtum, dass …

… Fertigfutter gut sein muss, weil der Tierarzt es empfiehlt und meine Katze damit alles bekommt, was sie braucht!

Tatsache ist, dass es kein einziges Fertigfutter gibt, das die Katze mit allem versorgt, was sie benötigt, und das deshalb ein Leben lang gefüttert werden kann. Wenn dem so wäre, müssten ja alle Futtersorten von den Inhaltsstoffen her gleich sein. Dass dies nicht so ist, zeigen schon allein die Vergleiche zweier Futtermittel unterschiedlicher Hersteller. Eine ausgewogene Ernährung erreicht man durch die Zufuhr unterschiedlicher Lebensmittel und der darin verschieden enthaltenen Vitalstoffe. Somit steht die Abwechslung für eine ausgewogene Ernährung und nicht ein einziges Fertigprodukt.

Nur weil der Tierarzt es Ihnen empfiehlt, bedeutet das noch lange nicht, dass es auch gut ist. Leider gibt es Tierärzte, die eine ernährungsbedingte Erkrankung lieber auf das Alter der Katze oder andere Faktoren zurückführen

Wenn es frisch ist, geht von rohem Fleisch keinerlei gesundheitliche Gefahr aus. (Foto: Hans)

und das selbst angepriesene Futter gedankenlos weiter verkaufen.

Es ist ein Irrtum, dass …

… Trockenfutter gut für die Zähne ist und Zahnsteinneubildung vorbeugt!

Auch hier muss ich unseren Tierärzten noch einmal auf den Schlips treten. Denn wenn diese Aussage stimmen würde, dann hätten unsere Veterinärmediziner nicht die Praxis voll mit Katzenbesitzern, bei deren Tieren der Zahnstein entfernt werden muss. Und dies fast ausschließlich bei Katzen, die seit vielen Jahren mit Trockenfutter gefüttert werden. Die Tierfuttermittelindustrie hat ihre eigene „Mogelpackung" erkannt und nimmt von dieser Aussage Abstand, dass Trockenfutter die Zahngesundheit erhält. Stattdessen bieten sie jetzt spezielle Snacks und Futtermittel zur Reinigung der Zähne an. Ich behaupte, dass das Augenwischerei ist und damit versucht wird, den Teufel mit dem Belzebuben auszutreiben. Interessanterweise kenne ich keine einzige Katze mit Zahn- oder Zahnsteinproblemen, die naturnah ernährt wird.

Es ist ein Irrtum, dass …

… zu viel Eiweiß die Niere belastet und Kohlenhydrate die beste Energie-/Proteinquelle für Katzen sind!

Damit wären wir beim letzten großen Irrtum angelangt. Denn viele Tierfuttermittelhersteller geben bereits zu, dass eine Katze durchaus auf Kohlenhydrate in der Nahrung verzichten kann. Vielmehr wird mit solchen Aussagen versucht, den hohen Getreideanteil im Fertigfutter zu rechtfertigen. Das Getreide im Futter nützt höchstens der Gewinnmaximierung des Herstellers, nicht aber unserer Katze. Denn Getreide als Energielieferant ist billiger als Fleisch. Um den entsprechend niedrigen und qualitativ minderwertigen Proteingehalt zu erklären, wurde die These aufgestellt, dass zu viel Eiweiß die Niere belastet. Das stimmt, wenn es sich um minderwertiges Protein handelt, wie beispielsweise das des Getreides. Anders verhält es sich mit dem hochwertigen Protein von Fleisch. Der Organismus der Katze ist darauf ausgelegt, große Mengen hochwertiges Eiweiß aufzunehmen und umzusetzen. Dies entlastet sogar nicht nur die Niere, sondern den kompletten Stoffwechsel.

Zum Schluss

Gerade zu Beginn und auch zum Schluss dieses Buches mögen Sie den Eindruck bekommen haben, dass die Futtermittelhersteller und die im Gleichschritt laufenden Tierärzte allesamt Lügner und Betrüger sind. Diese Aussage zu treffen liegt mir fern! Zur Ehrenrettung beider Parteien habe ich ebenfalls mehrfach auf veränderte Aussagen und Aktivitäten hingewiesen. Die Futtermittelindustrie widerruft einige von ihr selbst aufgestellte Thesen und gibt Fehler zu. Und immer mehr Tierärzte treten in Erscheinung, die ganzheitlich arbeiten und auf die Notwendigkeit einer natürlichen und artgerechten Ernährung hinweisen. Das lässt auf weitere Lichtblicke hoffen.

Sie als Katzenbetreuer und Leser dieses Buches haben es nun aber selbst in der Hand, die Weichen für ein gesundes Katzenleben zu stellen. Artgerecht gehaltene und ernährte Katzen lohnen es Ihnen mit einem freundlichen und ausgeglichenen Wesen. Bequeme Stubentiger zeigen sich neugieriger, nervöse Katzen werden gelassener und ältere Tiere

Wenn junge Katzen von Anfang an naturnah ernährt werden, stehen die Chancen auf ein langes, gesundes Katzenleben bestens! (Foto: Schanz)

wieder aktiver. Die Widerstandskräfte gegenüber Stress und Krankheiten sind bemerkenswert.

Aber ich möchte Ihnen auch eine eventuelle Illusion rauben: Trotz all dieser Verbesserungen ist es nicht auszuschließen, dass Ihr Schützling doch einmal krank wird. Auch so etwas kommt bei den frei lebenden Artgenossen vor. Nur können die Krankheiten bei den domestizierten Katzen gravierender sein. Denn die immer wieder genannten Zivilisationskrankheiten sind keine einzelnen Schicksalsschläge. Vielmehr resultieren sie aus der fehlerhaften Ernährung, und dies schon seit Generationen. Ganz allein durch die naturnahe Ernährung wird Ihr Stubentiger nicht zu einem Tier mit der Gesundheit und Zähigkeit einer wilden Katze. Lesen Sie sich dafür bitte noch einmal die Fütterungsversuche an Katzen von Pottenger durch (ab Seite 10). Mehrere Generationen hat es gebraucht, um die Schäden falscher Ernährung wieder wettzumachen. Und diese Tatsache trifft leider auch noch heute auf unsere falsch ernährten Katzen zu. Sie können in einem einzigen Katzenleben mit der natürlichen Kost viel Gutes erreichen, aber nicht alle Schäden aus den vorangegangenen Generationen aufholen.

Wenn Sie sich also eine weitere oder auch die erste Katze ins Haus holen wollen, dann achten Sie doch schon bei der Auswahl des Züchters auf seine Ernährungspraktiken. Es gibt einige Katzenzüchter verschiedenster Rassen, die schon seit langer Zeit das Prinzip der naturnahen Ernährung verfolgen. Dann können Sie mit der kompletten Widerstandskraft und strotzenden Gesundheit wie bei einer wild lebenden Katze rechnen. Immerhin: Jeder Schritt, der in diese Richtung geht, bringt für unsere Katzen gesundheitliche Vorteile und damit doch auch für uns Menschen. Ich würde mich, auch im Namen Ihrer Katze, sehr freuen, wenn Sie zu denen gehören, die diese Richtung einschlagen.

Danke

Bisher habe ich keinem meiner Bücher ein schriftliches Dankeschön festgehalten, doch möchte ich in diesem Fall eine Ausnahme machen. Normalerweise bevorzuge ich einen persönlichen Dank an die Personen, denen ich meine, Dank zu schulden. Bei der Entstehung dieses Buches sind jedoch so viele Dinge hinzugekommen und haben beinahe einen Ausnahmezustand ausgelöst. Deswegen seien mir diese persönlichen Worte gestattet.

Als Allererstes möchte ich gern meinem Lebensgefährten Kai danken. Obwohl wir fast zeitgleich zur Erstellung dieses Buches gemeinsam ein Haus gekauft haben und viel zu renovieren und umzubauen hatten, hat er mir immer wieder die zeitlichen Freiräume verschafft, die ich zum Verfassen dieses Buches brauchte. Danke, Kai!

Als Zweites möchte ich meiner Mutter Brigitte und ihrem Mann Peter danken. Zu jeder Zeit haben sie mich bei meiner Arbeit unterstützt und eine helfende Hand gereicht. Ohne sie hätte ich nie das alles erreichen können, was mich und meine Arbeit mit den Tieren ausmacht. Danke, Mutsch und Peter!

Zu weiterem Dank verpflichtet bin ich Liesel Baumgart. Ohne sie wäre nie der Kontakt zum Cadmos Verlag entstanden. Und somit hätte ich ohne sie wahrscheinlich nicht ein einziges Buch verfassen dürfen. Auch sie, als gestandene Autorin mehrerer Bücher, hat mir immer wieder mit ihrem Fachwissen zur Seite gestanden. Ich danke Dir, Liesel!

Und ich möchte mich ganz herzlich beim Cadmos Verlag bedanken. Denn ohne diesen Verlag wäre ebenfalls kein einziges meiner Bücher erschienen. Ich danke dem Verlag somit für die Möglichkeit, all meine Buchideen verwirklichen zu können, für die tolle Zusammenarbeit und für die immer herrlichen Bilder in den Büchern. Danke!

Literaturtipps

De Bairacli-Levy, Juliette
Das Kräuterbuch für Hunde und Katzen
Frankfurt/Main: Verlag Zweitausendeins, 1987

Löffler, Klaus
Anatomie und Physiologie der Haustiere
Stuttgart: Ulmer, 1994

Münchberg, Angela
Katzen homöopathisch selbst behandeln
Brunsbek: Cadmos, 2005

Münchberg, Angela
Kräuterbuch für Katzen
Brunsbek: Cadmos, 2006

Reglin, Felicitas
Was Sie schon immer
über Vitalstoffe wissen wollten …
Köln: Ralf Reglin Verlag, 2000

Kontakt zur Autorin:
Angela Münchberg
Thorner Str. 14
29664 Walsrode
Tel.: 0 51 61/60 90 51
www.tiernatur.de

Anhang

Beispiel für einen Fütterungsplan für eine normalgewichtige erwachsene Katze (5 Kilogramm Körpergewicht)

	Morgens	Mittags	Abends
Tag 1	5 g Gerstenflocken in Wasser	Rezept 1	Rezept 1
Tag 2	5 g Haferflocken in Gemüsebrühe	Rezept 2	Rezept 2
Tag 3	5 g Roggenflocken in Buttermilch	Rezept 3	Rezept 3
Tag 4	5 g Weizenflocken in Wasser (alternativ Weizenkeimsprossen)	Rezept 4	Rezept 4
Tag 5	5 g Bockshornklee-Keimlinge	Rezept 5	Rezept 5
Tag 6	5 g Sechskornflocken in Wasser	Rezept 6	Rezept 6
Tag 7	5 g Alfalfa-Keimsprossen (gehackt)	Rezept 7	Rezept 7
Tag 8	5 g Kornflocken in Wasser	Rezept 8	Rezept 8
Tag 9	5 g Gerstenflocken in Wasser	Rezept 2	Rezept 2
Tag 10	5 g Haferflocken in Gemüsebrühe	Rezept 3	Rezept 3
Tag 11	5 g Roggenflocken in Buttermilch	Rezept 4	Rezept 4
Tag 12	5 g Weizenflocken in Wasser (alternativ Weizenkeimsprossen)	Rezept 5	Rezept 5
Tag 13	5 g Bockshornklee-Keimlinge	Rezept 6	Rezept 6
Tag 14	5 g Sechskornflocken in Wasser	Rezept 7	Rezept 7
Tag 15	5 g Alfalfa-Keimsprossen (gehackt)	Rezept 8	Rezept 8
Tag 16	5 g Haferflocken in Gemüsebrühe	Rezept 3	Rezept 3
Tag 17	5 g Roggenflocken in Buttermilch	Rezept 4	Rezept 4
Tag 18	5 g Weizenflocken in Wasser (alternativ Weizenkeimsprossen)	Rezept 5	Rezept 5
Tag 19	5 g Bockshornklee-Keimlinge	Rezept 6	Rezept 6
Tag 20	5 g Sechskornflocken in Wasser	Rezept 7	Rezept 7
Tag 21	5 g Alfalfa-Keimsprossen (gehackt)	Rezept 1	Rezept 1
Tag 22	5 g Gerstenflocken in Wasser	Rezept 3	Rezept 3
Tag 23	5 g Haferflocken in Gemüsebrühe	Rezept 4	Rezept 4
Tag 24	5 g Roggenflocken in Buttermilch	Rezept 1	Rezept 1
Tag 25	5 g Bockshornklee-Keimlinge	Rezept 2	Rezept 2
Tag 26	5 g Sechskornflocken in Wasser	Rezept 5	Rezept 5
Tag 27	5 g Sechskornflocken in Wasser	Rezept 1	Rezept 1
Tag 28	5 g Alfalfa-Keimsprossen (gehackt)	Rezept 6	Rezept 6

Rezept 1
26 g Hühnerfleisch
14 g Innereien, davon 4 g Herz
8 g Feldsalat
1/2 TL Sonnenblumenöl
1/2 TL Baumrinden-Mischung®
1/4 TL Petersilie und Basilikum

Rezept 2
26 g Lammfleisch
14 g Innereien, davon 4 g Herz
8 g Möhre
1/2 TL Sesamöl
1/2 TL Brunnenkresse (Gartenkresse)
1/4 TL getrocknete Kokosraspel

Rezept 3
26 g Putenfleisch
14 g Innereien, davon 4 g Herz
8 g Kopfsalat
1/2 TL Olivenöl
1/2 TL Baumrinden-Mischung®
1/4 TL Dill und Salbei

Rezept 4
26 g Rindfleisch
14 g Innereien, davon 4 g Herz
8 g Steckrübe
1/2 TL Weizenkeimöl
1/2 TL Seetang-Mischung®
1/4 TL Löwenzahn

Rezept 5
26 g zerkleinerte Hühnerflügel
14 g Innereien, davon 4 g Herz
8 g Salatmischung
1/2 TL Walnussöl
1/2 TL Baumrinden-Mischung®
1/4 TL Kerbel

Rezept 6
26 g Kaninchenfleisch
14 g Innereien, davon 4 g Herz
8 g Chicorée (leicht gedünstet)
1/2 TL gemahlene Haselnüsse
1/4 TL Rosmarin und Thymian
1/4 TL Seetang-Mischung®

Rezept 7
26 g Ente
14 g Innereien, davon 4 g Herz
8 g Eisbergsalat
1/2 TL Leinsamenöl
1/2 TL Baumrinden-Mischung®
1/4 TL getrocknete Kokosraspel

Rezept 8
40 g Fisch
8 g Möhre und Apfel
1/2 TL Lachsöl
1/4 TL Baumrinden-Mischung®
1/4 TL Seetang-Mischung®

Bitte beachten: Alle Mengenangaben sind Circa-Angaben und die Rezepte sind nur als einige wenige Beispiele zu verstehen! Lassen Sie Ihrer Kreativität freien Lauf und bringen Sie mithilfe der in diesem Buch vorgestellten Futterkomponenten Abwechslung auf den Speiseplan Ihrer Katze!

Wählen Sie die Innereien einer Mahlzeit immer von der gleichen Tierart wie das Muskelfleisch, also zum Beispiel Innereien vom Huhn bei Rezept 1 oder Innereien vom Rind bei Rezept 4!

Vorlage für einen Fütterungsplan für Ihre Katze
(Mengenberechnung gemäß der Angaben zur Rationsgestaltung ab Seite 27)

	Morgens		Mittags	Abends
Tag 1		g Gerstenflocken in Wasser	Rezept 1	Rezept 1
Tag 2		g Haferflocken in Gemüsebrühe	Rezept 2	Rezept 2
Tag 3		g Roggenflocken in Buttermilch	Rezept 3	Rezept 3
Tag 4		g Weizenflocken in Wasser (alternativ Weizenkeimsprossen)	Rezept 4	Rezept 4
Tag 5		g Bockshornklee-Keimlinge	Rezept 5	Rezept 5
Tag 6		g Sechskornflocken in Wasser	Rezept 6	Rezept 6
Tag 7		g Alfalfa-Keimsprossen (gehackt)	Rezept 7	Rezept 7
Tag 8		g Kornflocken in Wasser	Rezept 8	Rezept 8
Tag 9		g Gerstenflocken in Wasser	Rezept 2	Rezept 2
Tag 10		g Haferflocken in Gemüsebrühe	Rezept 3	Rezept 3
Tag 11		g Roggenflocken in Buttermilch	Rezept 4	Rezept 4
Tag 12		g Weizenflocken in Wasser (alternativ Weizenkeimsprossen)	Rezept 5	Rezept 5
Tag 13		g Bockshornklee-Keimlinge	Rezept 6	Rezept 6
Tag 14		g Sechskornflocken in Wasser	Rezept 7	Rezept 7
Tag 15		g Alfalfa-Keimsprossen (gehackt)	Rezept 8	Rezept 8
Tag 16		g Haferflocken in Gemüsebrühe	Rezept 3	Rezept 3
Tag 17		g Roggenflocken in Buttermilch	Rezept 4	Rezept 4
Tag 18		g Weizenflocken in Wasser (alternativ Weizenkeimsprossen)	Rezept 5	Rezept 5
Tag 19		g Bockshornklee-Keimlinge	Rezept 6	Rezept 6
Tag 20		g Sechskornflocken in Wasser	Rezept 7	Rezept 7
Tag 21		g Alfalfa-Keimsprossen (gehackt)	Rezept 1	Rezept 1
Tag 22		g Gerstenflocken in Wasser	Rezept 3	Rezept 3
Tag 23		g Haferflocken in Gemüsebrühe	Rezept 4	Rezept 4
Tag 24		g Roggenflocken in Buttermilch	Rezept 1	Rezept 1
Tag 25		g Bockshornklee-Keimlinge	Rezept 2	Rezept 2
Tag 26		g Sechskornflocken in Wasser	Rezept 5	Rezept 5
Tag 27		g Sechskornflocken in Wasser	Rezept 1	Rezept 1
Tag 28		g Alfalfa-Keimsprossen (gehackt)	Rezept 6	Rezept 6

Rezept 1

	g Hühnerfleisch
	g Innereien, davon 4 g Herz
	g Feldsalat
	TL Sonnenblumenöl
1/2	TL Baumrinden-Mischung®
1/4	TL Petersilie und Basilikum

Rezept 2

	g Lammfleisch
	g Innereien, davon 4 g Herz
	g Möhre
	TL Sesamöl
1/2	TL Brunnenkresse (Gartenkresse)
1/4	TL getrocknete Kokosraspel

Rezept 3

	g Putenfleisch
	g Innereien, davon 4 g Herz
	g Kopfsalat
	TL Olivenöl
1/2	TL Baumrinden-Mischung®
1/4	TL Dill und Salbei

Rezept 4

	g Rindfleisch
	g Innereien, davon 4 g Herz
	g Steckrübe
	TL Weizenkeimöl
1/2	TL Seetang-Mischung®
1/4	TL Löwenzahn

Rezept 5

	g zerkleinerte Hühnerflügel
	g Innereien, davon 4 g Herz
	g Salatmischung
	TL Walnussöl
1/2	TL Baumrinden-Mischung®
1/4	TL Kerbel

Rezept 6

	g Kaninchenfleisch
	g Innereien, davon 4 g Herz
	g Chicorée (leicht gedünstet)
	TL gemahlene Haselnüsse
1/4	TL Rosmarin und Thymian
1/4	TL Seetang-Mischung®

Rezept 7

	g Ente
	g Innereien, davon 4 g Herz
	g Eisbergsalat
	TL Leinsamenöl
1/4	TL Baumrinden-Mischung®
1/2	TL getrocknete Kokosraspel

Rezept 8

	g Fisch
	g Möhre und Apfel
	TL Lachsöl
1/4	TL Baumrinden-Mischung®
1/4	TL Seetang-Mischung®

Wie viel Öl?

Die richtige Ölmenge hängt von Größe, Alter und Aktivität Ihrer Katze ab: Für eine erwachsene Katze nehmen Sie circa 1/2 Teelöffel, junge Kätzchen nach der Entwöhnung bekommen circa 1/4 Teelöffel.